NOUVEAU MANUEL

DE

NUMISMATIQUE

DU MOYEN AGE ET MODERNE

HAVRE. — IMPRIMERIE DU COMMERCE, 3, RUE DE LA BOURSE.

NOUVEAU MANUEL

DE

NUMISMATIQUE

DU MOYEN AGE ET MODERNE

PAR

J. ADRIEN BLANCHET

A. C. N. DE LA SOCIÉTÉ DES ANTIQUAIRES DE FRANCE,
DE LA SOCIÉTÉ FRANÇAISE D'ARCHÉOLOGIE, ETC.

ATLAS

PARIS

LIBRAIRIE ENCYCLOPÉDIQUE DE RORET

RUE HAUTEFEUILLE, 12

COUVERTURE DE L'ATLAS

Laissez-passer des Monnayeurs de Lyon sous François Ier. — Lis FRANCISCVS : DEI : GRA : FRANCORVM : REX : ⚘ : Buste du roi dans un épicycloïde.

℞. Lis BARR. PEAG. PONTAN. LAISSE. PASSER. LES. MONNOIERS (Barriers, péagers, pontonniers, laissez passer les monnayers), Dans un épicycloïde, sur un champ semé de lis, instruments du monnayage, couronne et LY-ON. *Arg.*

DESCRIPTION DES PLANCHES

DU MANUEL

DE

NUMISMATIQUE

DU MOYEN AGE ET MODERNE

1. CENOMANIS. Deux figures debout.
℞ EBRICHARIUS. Croix potencée sur un degré et cantonnée de quatre points.

2. NAN..... M. Profil droit.
℞. ROACIANVS? Animal hérissé et rampant.

3. ISVINTSLC. Tête chevelue de face.
℞. LLNSFRAMIG. Combrouse voit dans le type de ce triens indéterminé une croix avec les instruments de la Passion.

4. SIGVCIOFI. Buste à droite.
℞. ✝ ANICIO VACETO. Croix haussée, accostée des sigles II A.

5. CERILIA. Profil droit.
℞. Légende incertaine : ✝ NHAIV... ATHV. Croix sur un globe, accostée des sigles RV.

6. CENOMANNIS. Profil droit.
℞. ETTONE. MO. Croix sur deux degrés.

7. TIDIRICIACO. Profil droit.
℞. IOANNIS. Croix sur deux degrés.

8. SORNEGDIA VICO. Profil droit.
℞. ✝ AUTOMEDO MONETA. Figure nue, debout, tournée à droite, et tenant un oiseau et une lance.

9. MEDOLO. VIC. Profil droit.
℞. SEDVL.... MO. Figure tenant une haste et un oiseau.

10. IN PALATIO FIT. Tête barbare de face.
℞. ✝ INGOMARO. MONI. Croix ancrée.

11. TARAAS. CIV? Profil gauche.
℞. MOPTATVS. MONITA. Croix sur deux degrés.

12. ESCOLA. RE. MONE. Profil droit.
℞. RAGNOMARES. M. Croix sur un globe.

13. AVGEMARIS. MON. Profil droit.
℞. CENNOMANIS. Croix sur deux degrés.

14. ✝ SGEFIAC. Profil droit.
℞. ✝ ONOFREDVS. Croix haussée sur trois degrés et accostée de deux astres.

15. CIRILIA. Profil droit.

℞..... Figure assise tendant le bras droit.
16. CAMDONNO. Buste à gauche.
℞. FRANCO. Figure debout tenant une massue?
17. SEVOLLA. Tête barbare de face.
℞. GEUS FIT. Croix sur trois degrés.
18. ISIODOCVSIA. Profil droit.
℞. DAVDVLEO. MONETA. Croix sur deux degrés et un point.
19. CHOA.. FIT. '
℞. BERTOAL. Croix haussée sur un piédestal.
20 MARSALLO VICO. Profil droit.
℞ MVLDVLV. MVNITA Croix sur un point accosté de deux A ou de deux lambda.
21. TRIECTV. FIT. Profil droit, diadème perlé.
℞. DOMARICUS MO. Croix sur un globe.
22. RACIO MONASTERII. Profil droit.
℞. AVRILIANIS. CIVI. Croix ancrée et haussée sur un degré.
23. GAVORONNO. Profil droit.
℞. NANGVLF? Croix haussée sur un globe et accostée de deux astres.
24. EBORINO. MON. Profil droit.
℞. CHLODOVIO. RTX. Croix latine.
25. † PAVLVS. MONITAR. Profil gauche.
℞. PORTO. VIDRARI. Croix pommetée et haussée sur un degré.
26 FRANCIO. M. Buste à gauche.
℞. CAMDONNO. Croix potencée, haussée sur un globe. (Voir le nº 16).
27. VIGOIEDVS. V. Profil droit.
℞. BERTOALDO. Les lettres A et R liées ; au-dessous un signe abréviatif.
28. METIS. CIVITAT. Profil droit.
℞. NEVDELLIVS MONE. Croix latine, accostée des initiales C. A.
29. SOTCOIFT. Profil droit.
℞. † ODNTCHCTNITS. Croix sur un globe, accostée de deux points.

30. † AEGOALDO. MO. Profil gauche, devant la bouche un annelet.
℞. † LENNACAS. Croix haussée sur deux degrés.
31. LAVDVNO. FIT. Profil droit.
℞. SIGILAICO. Croix potencée, haussée sur un point et sur un degré.
32. CHARIGISI. Profil droit.
℞. TICINNACO. Croix latine.
33. ARVE†RNO. Profil droit orné d'un collier ; le grènetis du pourtour à l'avers et au revers paraît être formé d'un collier dont on voit le fermoir.
℞. EODICIVS. Croix accostée des lettres A. R ; l'R est attaché à un des croisillons.
34. † LVSSALIA. FI. Profil droit.
℞. † DAOCOLVM. MON. Croix cantonnée des initiales LEMO, indiquant que ce triens a été frappé dans le territoire relevant de la cité de Limoges.
35. MASICIACO. Profil droit.
℞. CHILDIERNVS. Croix potencée, cantonnée de deux croisettes.
36. CAVILO†NNO III. Profil droit.
℞. † DOMNITTO. MONETA. Croix haussée sur trois degrés, et accostée des lettres C. A.
37. RR. ou FR liés ensemble devant une tête nue à droite, derrière un annelet ou la lettre O.
℞. OSOCRIVS. Croix haussée sur deux degrés. ·
38. † NECARNE. FIT. Profil droit.
℞. NECTARNS. Croix aux branches de laquelle sont suspendus A et ω.
39. SCI. IORGI. Profil droit.
℞. BODOLENVS. M. Croix latine.
40. † ARVERNO. FIT. Profil droit.
℞. † EODICI... VS. MONE. Les initiales A R.
41. VILLAMAORIN. Profil droit.
℞. † VITALE. MONETAR. Croix cantonnée des lettres CV.

42. XIXVVLTOS. + Profil droit.
℞. + DVTTA. MONETA. Croix latine et les lettres LAXV.
43. VIDVA VICO. Profil droit.
℞. FRANSICINV. Croix cantonnée de deux croisettes et de six points.
44. BRIONNO VICO. Profil droit.
℞. LEO. MONITARI. Croix ancrée. (Voy. nº 109.)
45. + VINCEMACVS. MONITA. Tête à gauche.
℞. + CASTRV SAVRICANIS. Croix latine cantonnée de points.
46. VINDELLO. Croix sur un annelet.
℞. ERTO. MO. Croix haussée sur la lettre K ou R.
47. ANBACIA VICO. Profil droit barbu.
℞. FRANCOBODVS. Croix haussée sur deux degrés.
48. AMBACEA. Profil gauche.
℞. NONNITVS. Croix cantonnée de points, et haussée sur un globe.
49. SEVDVLFVS. Profil droit.
℞. + ANDECAVIS. Croix haussée sur un point.
50. + RIALACOCI. Profil droit.
℞. + LAVNOMVNDV. Croix doublement ancrée, cantonnée de deux points et de deux croisettes et haussée sur un globe.
51. NOVIVMV. Profil droit.
℞. + MVNDVVDV. Croix ancrée.
52. EOVORIGO. FIT. Profil droit.
℞. + EOSENVS. MONET. Croix latine.
53. + MEDVLO. Croix latine cantonnée de points.
℞. + CAMPOTRECIO. Astre, ou dégénérescence d'un chrisme.
54. AMBACIA. Profil droit.
℞. RISIGISILVS. Croix ancrée.
55. + AMBACIACO. FI. Profil droit.
℞. + PASSINCIO. MONETA. Croix latine.
56. ARVERNV... Profil droit.
℞. + Légende rognée ; personnage debout près d'une colonne ? le grènetis est remplacé par une couronne de feuillages.
57. + NOGIANIS. Profil droit.

℞. VACIMESA ? Croix ancrée, haussée sur un globe.
58. + BVRDEGAL. Profil droit.
℞. + SEGGELENVS. Croix ancrée.
59. + BANACIACO. FIT. Profil droit.
℞. SCA + VRO. Croix dont le pied est terminé par un annelet.
60. + AVDIGISILVS. Petite croix.
℞. + MONARBVNI. Croix. Les lettres A et R sont liées d'une façon singulière.
61. AMBACIA. VICO. Profil droit.
℞. PATORNINO. Croix haussée et ancrée.
62. AMBACIA. VIC. Tête barbare, paraissant imiter celle d'un animal fantastique.
℞. + DOMNACHARVS. Croix latine.
63. AVRE liANiS. Profil droit.
℞. + DOGOMARVS MO. Petite croix ancrée dans une couronne.
64. + LEODOMVDO MO ? Tête informe à droite.
℞. + BERNAIAS. LOV. Croix ancrée, cantonnée de trois étoiles.
65. CABLONNO. Tête barbare de face.
℞. + ABBONE. Petite croix, cantonnée des lettres C. A.
66. + CAROVICVS. F. Profil droit.
℞. + TEODOLENO. M. Croix latine.
67. CISOMO. VI. Tête barbare et diadémée à gauche.
℞. DOMOLVS. M. Croix haussée sur un degré.
68. BAN. Buste diadémé à droite.
℞. GAVALETANO. FIIT. Calice à anse, surmonté d'un gros point et posé au-dessus d'une longue ligne perlée.
69. + ABVNDANTIVS. MO. Tête à gauche.
℞. SILANIACO FIT. Croix latine.
70. Monnaie à légendes runiques d'Éthelbert Iᵉʳ, roi de Kent.
℞. Type confus.
71. + BREXIS. VICO. Buste à droite.
℞. VVALDONE. MO. Longue croix ancrée sur une petite croix double.
72. CAMARACO. Profil droit.

℞. ALANCVS. Croix haussée sur deux degrés et chrismée.

73. † CASTRO FVSI. FIT. Profil barbare à gauche.

℞. † RANEPERTO. M. Petite croix simple dans une couronne.

74. † CVRCIACO. VI. Buste barbu avec double diadème et bouclier.

℞. † FEDEGIVS. MO. Croix longue, pattée et cantonnée d'étoiles.

75. LVNDVCONNI. Tête informe à droite.

℞. † BONICIVS. MO. Croix simple dans une couronne.

76. ERCOITACETVIST. Buste à droite (*Triecto civitas*).

℞. † MANRO. MONETATIV. Croix accostée de C. A. ou C. V. dans une couronne.

77. Imitation des monnaies anglo-saxonnes. (Voy. n° 70.)

78. † BRIVA. VICO. Tête à droite avec long diadème et collier de perles.

℞. † FALCO. MONETI. Croix simple.

79. † CANOGACO VICO. Tête informe à droite.

℞. TAVRICLIGILVS. Croix latine.

80. OENOMANNIS. Tête barbare à droite.

℞. FEDOLENVS. Croix potencée sur deux degrés.

81. GABALORVM. Tête diadémée à droite.

℞. VOR. Personnage debout tenant un arc.

82. MIRONNOF. Buste à droite.

℞. BERTOINO M. Croix latine dans un collier servant de grènetis.

83. VIENNA. FIT. Profil droit.

℞. LEVDINO. MONE. Croix ancrée, haussée sur trois points.

84, 85, 86 et 87. Imitations des monnaies anglo-saxonnes. (Voy. nos 70 et 77.)

88. Imitation des mêmes monnaies sur laquelle on pourrait peut-être lire les restes du mot DAGOB.

89. Buste royal casqué et drapé ; devant, un petit dauphin.

℞. MASSILIA. Croix placée sous un degré.

90. Tête nue, les cheveux épars, derrière S, initiale de Sigebert ?

℞. MONAMTE (pour MONET. MA.). Même revers qu'au numéro précédent.

91. Tête royale à gauche ; devant, une croix.

℞. Monogramme dans lequel on peut voir AVEN. (Avignon).

92. Imitation des monnaies anglo-saxonnes.

93. Monnaie muette de l'époque mérovingienne.

94. CONDETAI. Profil droit.

℞. Croix ancrée à ses quatre branches (*Argent*).

95. Monnaie avec monogramme, peut-être de Marseille.

96. Imitation de la monnaie n° 89.

97. Tête informe diadémée à droite ; devant, une croix.

℞. Monogramme cruciforme dans lequel on retrouve VASIO ?

98. Tête nue et barbare à droite.

℞. Deux petites croix et deux lettres gravées en sens rétrograde, peut-être R. F, *Rex Francorum ?*

99. Tête à droite.

℞. Oiseau sur une croix accostée de deux annelets.

100. Monnaie mérovingienne muette.

101. † DRVCBERTO. F. Croix crénelée.

℞. Monogramme indéterminé.

102. DAGO..... Tête barbare à gauche.

℞. Monogramme incomplet.

103. Tête diadémée ; devant, une petite croix.

℞. MAISSI...? Croix latine.

104. Tête à droite ; devant, la lettre H ou N.

℞. † A....RT. Dans le champ un M, initiale de Marseille, surmonté d'une croix. On connaît une monnaie frappée dans cette même ville au nom de Sigebert ; devant la tête royale, on voit aussi un H.

105. Tête à droite ; devant, une croix.

℞. Monogramme dans lequel on peut lire DE AVENO ?

106. Monnaie de la fin de l'époque mérovingienne.

107. ABOLENVS. Profil droit.

℞. DO † MNI RACIO. Double croix.

108. † CONBENAS FIT. Profil droit.

℞. † NONNITVS. MOI. Croix sur un globe accostée des lettres C G et du nombre VII.

109. BRIONNO. Tête à gauche.
R̷. LEO MONETA. Croix cantonnée de quatre points ; variété du n° 44.

110. VINDOMVIS. FIITVR. Tête à droite.
R̷. † VFESINS ? Croix ancrée et haussée sur un globe.

111. SILVANECTIS. Tête à droite.
R̷. D... EASI ? Croix ancrée.

112 AVPIVIVNIS, pour *Aurilianis*. Tête chaperonnée à gauche.
R̷. † A...VN ? Croix ancrée et haussée sur un globe.

113. Monnaie mérovingienne incertaine. (Argent.)

114.† CHARIFIACO. Buste à droite.
R̷. † LEVDENVS. Croix recroisetée sur un globe perlé.

115. [SIR] ALLO. Buste à droite.
R̷. EBRVLFVS. Croix haussée sur deux degrés, et accostée des initiales O. G. et du signe numérique VII.

116. ARA..... S. Tête barbare à droite.
R̷. BETOREGAS. FIT. Croix.

117. † VIDOCINO. Tête barbare à droite.
R̷. † AGRIGISIL. Croix ancrée, haussée et cantonnée de deux points.

118. MATOVALLO. Tête chaperonnée à droite.
R̷. GVMDOBODVS. Croix ancrée.

119. † ALFICO. Tête à gauche.
R̷. † BAVDIGILVS. Croix ancrée et haussée sur un globe.

120. Monnaie mérovingienne incertaine. (Argent.)

121. GAVHLOIIVM. (pour *Gavalorum*). Tête à droite.
R̷. Calice à deux anses surmonté d'une croix.

122 † GAVARONNO. Tête à droite.
R̷. † BOSO MONIT. Croix haussée sur un globe et accostée des lettres O. G. et du chiffre VII.

123. DORIO VICO. Tête barbare à gauche.
R̷. † VEROLO. MO. Croix haussée sur un degré, cantonnée de deux points et de deux petites croix.

124. † SILVIACO. Tête à droite.

R̷. RAMNICISILV. Croix ancrée, haussée sur un globe et cantonnée de quatre points.

125. † AVRILIANIS. Tête chaperonnée à droite.
R̷. IACOT'E. MO. Croix ancrée et haussée sur un globe.

126. REDONIS. Tête barbare à droite.
R̷. MAVRINVS. Croix ancrée et cantonnée de quatre points.

127. FIANA. ME. Tête barbare à droite.
R̷. † FEDOLENI. Croix ancrée et cantonnée de quatre points.

128. TIDIRICIACO. Profil droit.
R̷. AONOBODE. M. Croix ancrée.

129. ANDICAVI. Profil droit.
R̷. ALLONI. MO. Croix haussée sur un globe.

130. ODOMO. Profil droit.
R̷. DRVCTIGISILVS. M. Croix haussée sur un globe entouré de points.

131. † PECTAVIS. Profil droit.
R̷. † FRIDIRICO. Croix ancrée.

132. † PARISI. Profil droit.
R̷. ELIGIVS. M. Croix ; au-dessus un oméga ; au-dessous un alpha.

133. ALABO..... Profil gauche.
R̷. † EBROALDVS. M. Croix ancrée.

134. DVCCIOLINO. Profil droit.
R̷. BAVDOGISILO. Petite croix grecque.

135. O..... OCASTRO. Profil droit.
R̷. ... ATO .... Croix ornée de deux points devant chaque branche.

136. TVRTVRONNO. Profil droit.
R̷. AVNVLFI, dans le champ entre deux lignes ponctuées ; au-dessus une croix accostée des lettres N. DE.

137. FREDOVALD. Profil droit.
R̷. CONDAPENSEP. Croix cantonnée de quatre points et haussée sur deux degrés.

138. † PECTAVOS. IC. Tête barbare à droite.
R̷. † GOCOLAICO. MN. Croix cantonnée de points.

139, ✝ SALIONNO. Profil droit.
℟. ✝ SANTINO. M. Croix.

140. TOBRENCIA. Types confus.
℟. ✝ NOBERTVS. M. Croix.

141. TVRTVRONNO. Profil barbare à droite.
℟. MERLOTE. M. Croix.

142. GVLINVS. Profil droit.
℟. ✝ BRIOANIO. Croix ancrée.

143. ✝ BRIXIS. VICO, Profil droit.
℟. VALDO. MON. Croix cantonnée de points.

144. ✝ RACIO BASII. Profil droit et très barbare.
℟. TEODENO MO. Croix haussée sur un globe et accostée de deux points.

145. ✝ PECTAVIS. CIV. Profil droit.
℟. AVENDO. MONETAR. Croix ancrée.

146. ✝ LOTHAVIVS RIX. Profil droit. (Clotaire roi ?)
℟. ✝ VVANVELENO M. Croix ancrée et haussée sur un globe.

147. ✝ AREDVNO VIC. Tête diadémée et barbue à droite.
℟. FANTOLENO. MO. Croix haussée sur un globe et cantonnée de quatres étoiles.

148. DVCINVS. Profil droit.
℟. SVLVDE MT ? Croix ancrée et haussée sur un degré.

149. ✝ VIRDVNS. FIET. Profil droit.
℟. SELENO MON. Croix ancrée.

150. NAMVCOC. Profil droit.
℟. ADELEO M. Croix sur un globe ; au-dessous un petit astre.

151 ✝ MOSONO CASTRI BE. Profil droit.
℟. ✝ BERTACHARIVS. MOE. Croix accostée des lettres CA ou CV.

152. Tête à droite ; croisette et branche devant.
℟. ✝ OTONEVS. Dans le champ un monogramme, composé des lettres P ou R, S, N.

153. SANSAT. Tête informe à droite.
℟. LEVDINO. M. Croix accompagnée de points semés dans le champ.

154. SOLONACO VICO. Profil droit.
℟. ERNOALDVS. Croix ancrée sur un socle.

155. DOMARO M. Tête de cheval à gauche.
℟. B . . ASCI. Croix accostée de deux points en forme de coins.

156. MARSALLOVIC. Profil droit.
℟. ✝ TOTO MONETARIO. Croix cantonnée des lettres CA.

157. MOGONTIACO. Croix cantonnée de quatre annelets, sur une sorte de calvaire.
℟. AIROENO. MONET. Croix grecque.

158. ✝ CHOEVVIC. Buste à droite.
℟. GANVEBER. M. Croix haussée sur une sorte de piédestal.

159. Tête diadémée à droite ; devant, un losange.
℟. ✝ DEORERIVS. MON. Monogramme composé des lettres R, S, N, E.

160. ✝ NOIOMO. C ? Tête à droite.
℟. ✝ AMELSILVS. Croix ancrée et cantonnée de points.

161..... Lég. illisible. Profil droit.
℟. ✝ HILDOALDVS. Croix cantonnée de deux points et des lettres A R.

162. Buste à droite bénissant ; devant, un astre.
℟. PRESERIVS. M. Dans le champ, BRIVATE, en deux lignes.

163. TEVDERICVS. M. Profil droit.
℟. MAIRECEASO. Croix sur un degré.

164. ✝ TVLLO CIVETATE. Profil droit.
℟. ✝ AVDOALDO. MONETARI. Croix haussée sur deux degrés, perlée et accostée d'un alpha et d'un oméga.

165. DEONANT. Profil droit.
℟. ABOLINO.. Croix sur une base, six points au-dessous.

166. VICOBOTANIS. AL. Tête à droite coiffée de perles.
℟. LANDILINO. MONISN. Croix accostée des lettres C. A.

167. Tête à droite avec le mot PAX devant.
℟. ✝ SPORIVS. Petite croix ancrée.

168. BAIOCAS. Petite croix haussée sur deux degrés et surmontée d'un demi-cercle.

℞. AVDERANVS. Croix cantonnée de quatre points.

169. TVLBIACO FIT. Profil droit.
℞. CHIVINVLFVS. MO. Croix haussée sur un degré et un globe.

170. TVOSISITI. Profil droit.
℞. VEMIVS. Croix sur un piédestal.

171. D. N. MAVRICIVS. P. P. A. Buste impérial à droite.
℞. GAVDOLENVS. MONE. Croix cantonnée des lettres V A.

172. † GEMILIACO. Profil droit.
℞. † AVSONIVS. MON. Croix cantonnée de deux points.

173. MATOLIACO. Tête à droite coiffée d'un chaperon.
℞. DOMMOLINO. Croix ancrée et cantonnée de deux étoiles.

174. BRICAVICOF. Profil droit.
℞. DAIMVNDO M. Croix ancrée et haussée sur deux degrés.

175. † GEVEMVNDO. M (en écriture rétrograde). Buste à gauche, radié.
℞. MASSIL. Croix cantonnée de huit points. (Marseille.)

176. CINVONICVS. N. Buste à droite.
℞. IBCODICIS RV. Ange ou victoire debout tenant une couronne et une longue croix.

177. † DOMECIO. Tête informe à gauche.
℞. CVSTECIACO. Croix dont les croisillons sont relevés à angle droit.

178. STAGNEETISO. Profil droit.
℞. † TANOIRELT. Croix chrismée, haussée sur deux degrés et cantonnée des lettres B T.

179. † VGGONE. Profil droit.
℞. CAVENOF. Croix grecque.

180. CASTRAVICO. Profil droit chaperonné.
℞. EBROALDVS. Croix ancrée et haussée sur un globe.

181. † LVSVNOC. Profil droit.
℞. † RIVDAM. Croix longue sur un demi-cercle.

182. CAMARACO. Profil barbare à droite.
℞. ALANCVS. Croix chrismée et haussée sur deux degrés (même pièce que le n° 72).

183. † TRIECTO. FIT †. Profil droit.
℞. MAGANONE MON. Croix haussée sur cinq points.

184. † BETTONE. MONE. TA.. Profil droit.
℞. † SILVANICTIS. Croix accompagnée au bas de deux points.

185. CAVILONNO.... Profil droit.
℞. ABBONE MON † TARIO. Croix accompagnée des lettres C A, haussée sur deux degrés et sur un globe.

186. CIVIONO CIV. Tête informe à gauche.
℞. LEVBOLENO. Petite croix longue.

187. ROLIACO VICO ? Tête chaperonnée à droite.
℞. MALLEBODS. Croix ancrée, accostée au bas de deux étoiles.

188. BRIOSSO VICO. Profil droit.
℞. † CHADVLFO. MO. Croix cantonnée de plusieurs points ; un annelet au centre.

189. CISOMOVI. Tête barbare.
℞. DOMOLVS. M. Croix haussée sur deux degrés entre chacun des points.

190. † REDONIS. Profil droit.
℞. RACIOFIS. Croix pommetée, haussée sur deux degrés.

191. CADVRCA. Profil gauche.
℞. FRANCVLFVS. Croix ancrée et haussée sur deux degrés.

192. GVIRVS. PETRVS. MONETAR. Buste diadémé à droite.
℞. LVODVNO FIET. Croix sur un globe, accostée de deux astres, des lettres L V et de deux chrismes.

193. ECCLESIE. ANDECAVI. Buste diadémé à droite.
℞. ALLIGISELS. MONET. Croix ancrée et haussée sur un globe.

194. † ARIACO FITVR. Profil droit.
℞. † LEODVLFVS. M. Croix cantonnée de trois points et de la lettre A. — (Le dessin est renversé.)

195. AVSTA CAL FIT. Profil droit.
℞. VIDIO MONITAIIO. ? Croix haussée sur un degré et sur un globe.

196. † CAPVDCERVI. Profil droit.
℞. SANTVSYPOMO. Croix potencée et entée sur un degré.

197. *Charlemagne*. D. N. CARLVS. REX. Buste de face du roi.
℞. + FLAVIA + LVCA. (Lucques). Etoile dans un grènetis. Or pâle.

198. — » — CAROLVS, en deux lignes.
℞. STRATBVRG. Dans le champ une petite croix.

199. CARLVS. REX. Croix.
℞. + RIANA. NCIOX. Monogramme. Cette légende est une dégénérescence de XPISTIANA RELIGIO.

200. — » — CARLVS. REX. FR. Croix.
℞. + EX. MEALLO. NOVO. Monogramme. Les numismatistes ne sont pas certains si cette légende fait allusion au métal même de la monnaie, ou à la réédification de la ville de Melle. La première de ces hypothèses est la plus vraisemblable.

201. *Charles le Chauve*. SCS. PETRVS. Buste de face de l'apôtre tenant une croix ; les légendes sont disposées verticalement.
℞. + CAROLVS. IMP. Monogrammes du pape Jean VIII. Cet monnaie doit être classée aux papes, et non pas aux rois de France dont le nom n'y figure qu'à titre d'alliance, ou en reconnaissance de ce que leur devaient les souverains pontifes.

202. *Pépin*. RP, au-dessus un signe abréviatif. *Rex Pepinus*.
℞. LVG. même signe abréviatif. *Lugdunum*.

203. *Charlemagne*. CAROLVS, en deux lignes.
℞. REMEIRODO, en deux lignes séparées par une barre.

204. — » — CAROLVS, en deux lignes.
℞. TORNACO, en trois lignes séparées par deux barres ; dans le champ, deux petites croix.

205.—Monogramme dans lequel on trouve les lettres L. A. R. L. S. O.
℞. Monogramme composé des lettres R. S. L. M. O, et une croix. Quelques numismatistes donnent cette pièce à Charlemagne et Grimoald, d'autres à un Lothaire.

206. *Lothaire*. + HLOTARIVS. IMP. Croix.
℞. TREVERIS. CIVI. Temple à quatre colonnes.

207. *Charles le Simple* ? + GRATIA. DI. REX. Croix.
℞. STAMPIS, en deux lignes séparées par une série de points ; trois croisettes. Cette monnaie appartient peut-être aux dernières années des Carolingiens ou aux premières de Hugues Capet.

208. *Raoul*. + GRATIA. DI. REX. Monogramme du roi Raoul.
℞. DVNIS. CASTILLI. Croix.

209. *Charles le Chauve*. + CASTIS. AVALONS. Croix.
℞. + GRATIA. DI. REN. X. Monogramme royal.

210. — » + CARLVS. REX. Croix.
℞. BITVRICES. CIVI. Monogramme royal.

211. *Louis le Bègue*. + TVRONES. CIVITAS. Croix.
℞. + MISERICORDIA. DI. REX. Monogramme royal.

212. *Charles le Simple*. + GRATIA. DI. REX. Monogramme royal.
℞. + CASTI. CIITAS. en deux lignes séparées par une série de points ; en haut et en bas, une croisette.

213. *Charles le Chauve*. + AVRELIANIS. CIVITAS. Croix.
℞. + GRATIA. DI. REX. Monogramme royal.

214. — » + DVNIS. CASTELLOI. Croix.
℞. + GRATIA. DI. REX. Monogramme royal ; *obole*.

215. *Eudes*. + BELSIANIS. CASTRO. Croix.
℞. MISERICORDIA. DI. REX. Monogramme royal imitant la forme de celui de Louis le Bègue.

216. Variété de la monnaie précédente ; il faut seulement remarquer que le monogramme a une autre forme, et que la légende MISERICORDIA. DI, se complète par le mot REX, que l'on retrouve dans le monogramme.

217. — » + PARISII. CIVITA. Croix.
℞. + GRATIA. DI. Dans le champ ODO. REX. Les lettres sont disposées symétriquement autour du D.

218. *Carloman*. + CARLOMAN. RE. Croix.
℞. + TOLOSA. CIVIT. Monogramme royal.

219. *Pépin d'Aquitaine*. + PIPIINVS. RE. Profil droit ; devant, un I.
℞. AQVITANORVM. Édifice.

220. *Eudes*. + DVINS CASTILLOI. Croix.
℞. + GRATIA. DI. REX. Dans le champ ODO, entre deux croisettes.

221. — » + HTVRONES. CIVITAS. Croix.
℞. + MISERICORDIA. D-I. Dans le champ un monogramme composé des mots ODO. REX.

222. *Lothaire.* ✝ LOTARIVS. REX. Croix.
℞. TREVERIS, en deux lignes,
223. *Boson de Bourgogne.* ✝ BOSO. GRACIA. DEI, dans le champ REX.
℞. ✝ VIENNA. CIVIS. Croix.
224. *Louis III l'Aveugle, de Bourgogne.* ✝ LVDOVICVS JMPE. Monogramme royal effacé.
℞. ✝ VIENNA. CIVIS. Croix.
225. *Lothaire.* ✝ HLVTHARIVS. IMP. Croix cantonnée de quatre points.
℞. ✝ MEDIOMATRICORVM. Temple à quatre colonnes.
226. *Charlemagne.* Dans le champ CAROL en monogramme.
℞. Croix et monogramme orné de points dans lequel on peut retrouver le mot ANDE (gavis).
227. *Eudes.* ✝ GRATIA. DI. H. Chaque lettre est séparée de la suivante par un point ; dans le champ, les mots ODO. REX sont disposés circulairement autour d'un petit quadrilatère, de manière à imiter le monogramme carolingien.
℞. ✝ SCI. DIONVSII M. Croix.
228. *Lothaire.* ✝ LOTERIVS. REX. Une croix.
℞. ✝ BITVRICES. CIVIT. Monogramme royal.
229. *Pépin ?* P. S. Croix chrismée.
℞. LVG, surmonté d'un signe abréviatif. Cette monnaie que le baron Marchant avait attribuée à un évêque de Lyon du nom de Pierre, paraît être une pièce de transition de la première à la seconde race, et peut être donnée au roi Pépin.
230. *Louis le Débonnaire.* ✝ HLVDOVICVS. Croix.
℞. † METALLVM. Croix ; *obole.*
231. — » — LVDOVVIC, en deux lignes dans le champ.
℞. AQVI ✝ TANIA. Croix.
232. *Xᵉ siècle.* TURON. Profil droit.
℞. ✝ CAINONI. CASTRO. Croix. Cette monnaie, qui ne porte pas de nom royal, a dû être frappée au Xᵉ siècle par les seigneurs de Chinon, qui devinrent bientôt comtes héréditaires de Tours. Les coins de la monnaie de Chinon semblent avoir été gravés à l'imita-

tion des deniers de Louis le Débonnaire à la tête frappée à Tours. Ce type tourangeau fut également copié par l'abbaye de Saint-Martin.
233. *Charlemagne et Grimoald III, duc de Bénévent.* ✝ GRIMVALD, Buste de face.
℞. DOMS. CAR. RX. Croix potencée, accostée des lettres C. R. Au-dessous de la croix, VIC. pour *Vicarius ?* Tiers de sou, *or.*
234. *Lothaire.* ✝ HLOTARIVS. IMP. Croix cantonnée de quatre points.
℞. BVRDICALA. Temple.
235. *Charles le Chauve.* ✝ VENDENIS. CASTRO. Croix.
236. *Otton III de Germanie.* ✝ OTTO. REX. Croix cantonnée de deux points.
℞. ✝ GATIA DI. DVX. Monogramme de Charles.
237. *Bérenger, empereur.* ✝ BERENGARIVS. IMP. Monogramme du Christ, cantonné de points.
℞. ✝ XPISTIANA. RELIG. Dans le champ PAPIA. CI en trois lignes. Cette monnaie a été frappée entre 905 et 924. Les monnaies de Bérenger II portent le titre de *Rex.*
238. *Philippe Iᵉʳ.* ✝ PHILIPVS. REX. Croix cantonnée de croissants.
℞. CAVION CIVITAS. Dans le champ la lettre B, que l'on pense être l'initiale du mot *Burgundia.*
239. *Louis VI ou Louis VII.* ✝ LVDOVICVS. REX. Tête de face barbue et couronnée.
℞. ✝ VRBS. BITVRICA. Croix haussée et fleuronnée ; *obole.*
240. *Philippe-Auguste.* ✝ PHILIP. REX ; une petite fleur de lis entre les lettres L. et I. ; dans le champ FRANCO.
℞. ✝ ARRAS. CIVITAS. Croix cantonnée de deux fleurs de lis.
241. *(Saint) Louis IX.* LVDOVICVS. RE. Dans le champ FRAN-CORV.
℞. ✝ SIGNVM. CRVCIS. Croix.
242. *Henri Iᵉʳ.* HAINRICVS. REX. Dans le champ, les lettres alpha et oméga.
℞. PAISIVS (pour PARISIVS) CIVITAS. Croix.

243. *Philippe Ier*. AVRELIANIS. CIVITAS. Croix aux branches de laquelle sont suspendues les lettres alpha et oméga.
℞. † DI. DEXTRA. BE. Type dégénéré du temple carlovingien, autour duquel on voit le complément de la légende NEDICTA.

244. *Louis VI*. † LVDOVICVS. REX. Crosse entre le soleil et la lune.
℞. † VRBS. LNIGONJS (Lingonis). Croix cantonnée d'un croissant et d'une petite croix pattée.

245. *Philippe Auguste*. PHILIPVS. REX. Dans le champ : FRANCO.
℞. † PERONNE. Croix.

246. *(Saint) Louis IX*. SIGILLVM. CRVCIS. Croix.
℞. LVDOVICVS. REX. FR. Dans le champ TVRONVS.

247. *Henri Ier*. Obole de Châlon-sur-Saône. (cf. n° 238).

248. *Philippe Ier*. † PHILIPVS. REX... Type dégénéré du temple carlovingien ; dans le champ les lettres C. R. S.
℞. STAMPIS. CASTELLVM. Croix cantonnée des lettres S. S.

249. *Louis VI*. LVDOVICVS. REX. Les lettres alpha et oméga.
℞. † PONTISI. CNSRSI. Croix cantonnée d'une annelet.

250. — » † LVDOVICVS. REX. Croix.
℞. † SINELECTIS. CIV. Dégénérescence du monogramme carolingien.

251. — » † LVDOVICVS. REX. Croisette, pal et croix.
℞. † LANDONIS. CAST. Croix cantonnée de deux croisettes.

252. — » † LVDOVICVS. REX. Croix cantonnée de deux annelets.
℞. † CASTRVM. MATA. Deux croisettes pattées et deux annelets.

253. — » — Denier du n° 239.

254. — » † LVDOVICVS. REX. Type du n° 248.
℞. † AVRELIANIS. CITAS. Croix cantonnée d'un annelet et d'un V.

255. *Louis VII*. † LVDOVICVS. REX. Dans le champ : FRANCO.
℞. † PARISII. CIVIS. Croix.

256. — » — Variété du numéro précédent.

257. *Philippe Auguste*. † PHILIPVS. REX. Dans le champ : FRANCO.
℞. PARISII. CIVIS. Croix.

258. *Louis VI*. † LODOVICVS. REX. Dégénérescence du monogramme carolingien.
℞. CASTELLVM. STAMPIS. Croix cantonnée de deux V.

259 *Henri Ier*. † HENRICVS, dans le champ : REX.
℞. † SENONIS, CIVITAS. Croix.

260 et 261. *Philippe Auguste*. Variétés du denier tournois.

262, 263, 264, 265. *Saint Louis*.   *Id*.

266. *Philippe Auguste*. PHILIPPVS. REX. Dans le champ, FRANCO, en deux lignes, séparées par deux crosses.
℞. † SEINTHOMER. Croix cantonnée de deux crosses.

267. *Philippe Ier*. PHILIPVS. REX. Dans le champ, alpha et oméga.
℞. PARISIVS. CIVITAS. Croix.

268. *Philippe le Bel*. † PHILIPPVS. REX. Croix.
℞. † TVRONVS. CIVIS. Châtel tournois : dans les deux légendes on peut voir des petites étoiles qni semblent être des *différents* monétaires. Obole.

269. *Louis X le Hutin*. LVDOVICVS. REX. Croix.
℞ TVRONVS. CIVIS. Châtel tournois.

270. *Philippe le Long*. † PHILIPPVS. REX. Croix.
℞. TVRONVS. CIVIS. Châtel tournois. Les deniers semblables à celui-ci sont d'une fabrique si grossière, et d'un titre si altéré, qu'on pourrait peut-être les faire descendre jusqu'au règne de Philippe de Valois.

271 et 272. *Philippe le Hardi*. † PHILIPPVS. REX. Croix.
℞. † TVRONVS CIVIS. Châtel tournois.

273 et 274. *Philippe le Bel*. † PHILIPPVS. REX. Croix.
℞. TVRONVS CIVIS. Châtel tournois.

275. *Saint Louis*. † LVDOVICVS REX. Croix ; sur le bord de la pièce, on lit une autre légende ainsi conçue : BNDICTV. SIT. NOME. DNI. NRI. DEI. IHV. XPI.
℞. TVRONVS. CIVIS. Châtel tournois ; bordure de douze fleurs de lis (*gros tournois*).

276. *Philippe le Bel*. † PHILIPPVS. REX. Croix ; légende sur le bord de la pièce comme ci-dessus.
℞. † TVRONVS. CIVIS. Châtel tournois ; cercle de douze fleurs de lis

277. *Philippe le Hardi.* PH. DEI. GRA. FRACOR. REX. Le roi debout, tenant un spectre, et placé entre deux fleurs de lis.
℞. XPC. VICIT. XPC. RNAT. XPC. IPERAT. Croix fleurdelisée dans un trèfle. *Mantelet d'or.*

278. *Jean II.* IOHANNES. DEI. GRA. Croix.
℞. FRANCORVM. REX. Châtel tournois ; cercle de fleurs de lis. Ce gros est curieux à cause des points secrets qu'il présente. (Rogné).

279. *Philippe le Long, comme comte de Poitou.* +PHS. FILI. REG. FRAC. Croix.
℞. COMES. PICTAVIES. Châtel tournois surmonté d'une fleur de lis.

280. *Charles le Bel, comme comte de la Marche.* K. FILI. REG. FRACIE. Croix.
℞. COMES MARCHIE. Châtel tournois surmonté d'un petit écusson sur lequel est une fleur de lis (1).

281. *Louis VI.* LVDOVICVS. REX. Edifice; au-dessus un croissant.
℞. + DRVCAS. CASTA. Croix cantonnée de deux C.

282. *Charles VII* + KAROLVS. FRANCORV. REX. L. Un grand K gothique entre deux fleurs de lis, surmonté d'une couronne.
℞. +DVPLEX. TVRONVS. FNCIE. L. Croix ; *fncie* pour *Francie ;* la lettre L, que l'on remarque à la fin des légendes du droit et du revers, indique l'atelier monétaire de Loches.

282 bis. *Charles VII.* + KAROLVS. FRANCORV. REX. C. Écu couronné de France.
℞.+ SIT.NOME. DNI. BENÉDICTV. C. Croix cantonnée de deux K et de deux fleurs de lis. Le C est l'initiale de l'atelier monétaire de Chinon. Cette monnaie est un pied-fort ou pièce d'essai.

283. *Charles VII.* + KAROLVS. DEI. GRA. FRANCORV. RX. B. Le roi debout couronné, couvert d'un manteau fleurdelisé, tenant un sceptre et une croix ; le champ est semé de France.
℞. + XPC. VINCIT. XPC. REGNAT. XPC. IMPERAT. B. Croix fleuronnée, dans un quadrilobe orné de fleurs de lis et de petites couronnes : la lettre B est l'initiale de l'atelier monétaire de Bourges. (Royal d'or).

(1) Les comtes de la Marche, de la race capétienne, portaient: *Semé de France à la bande de gueules, chargée de trois lionceaux d'argent.*

284. *Charles VIII.* CAROLVS. VIII. FRANCORVM. IERVSAL. ET. SICIL. REX. Buste du roi à gauche, coiffé d'une espèce de barrette, et portant le collier de l'ordre de Saint-Michel.
℞. Femme richement vêtue, avec les cheveux épars, se découvrant la poitrine avec les deux mains pour montrer une blessure ; à droite, une branche d'épines; à gauche, un chien couché au pied d'une colonne placée sur un piédestal. *Médaille.*

285. *Charles VIII et Anne de Bretagne.* + FELIX. FORTVNA. DIV. EXPLORATVM. ACTVLIT 1493. Buste de Charles VIII couronné, orné du collier de Saint-Michel, sur un champ semé de fleurs de lis.
℞. + R. P. LVGDVNEN. ANNA., (un petit lion), REGNANTE. CONFLAVIT. Buste d'Anne de Bretagne couronné, orné d'un collier de perles attachant une croix, avec un manteau semé d'hermines, sur un champ en parti de fleurs de lis et d'hermines. Argent ; *médaille.*

286. *François Ier.* + FRANCISCᵛ. I : DEI : G. FRACO : REX. Le roi à cheval, l'épée à la main.
℞. DEVS : S : AVXILIV. TVVM : REGI : DA. Écu couronné de France. Royal d'or ; *essai.*

287. *Henri II.* HENRICVS. II. D. G. FRANC. REX. Deux fleurs de lis dans une espèce de cartouche, au-dessus un croissant ; au-dessous la lettre A, différent de Paris.
℞. TVRONVS. CIVIS. FRANC. 1557. Croix dans un trèfle. (Liard.)

288. Assignat vendéen.

289. Assignat républicain du siège de Lyon.

290. *Médaille en étain de la Révolution française.* LE. PERE. DVCHENE FOUTRE. BON. PATRIOTE. La légende finit par une petite fleur de lis ; buste d'un homme coiffé d'un bonnet, la pipe à la bouche, une hache sur l'épaule et un pistolet à la ceinture.
℞. VIVRE. LIBRE. OU. MOURIR. 1789. Écu couronné de France, avec le mot LOI au-dessus des fleurs de lis ; l'écu est entouré de deux branches de laurier.

291. *Jeton de Jeanne de Navarre, femme de Philippe le Bel.* + CE. SONT. LES. GTOVERS. Croix fleurdelisée, cantonnée de trèfles, et enfermée dans un cercle à quatre lobes.
℞. + DE. LESQVIERIE. Écu parti de France et de Navarre dans un cercle à six lobes.

292. *Jeton de Catherine de Courtenai, épouse de Charles de Valois, père de Philippe le Bel.* Écu parti de Valois et de Constantinople.

℞. Épée en pal sur un champ ponctué.

293. *Jeton de Gui IV, comte de Saint-Pol.* Écu de France dans un cercle formé de six lobes ; au lieu de légende, une bordure de rosaces imitant la bordure de fleurs de lis des gros tournois.

℞. † OLVOITES. SETVVEVS VIVRE AN PES. (*oi, voi, tés, se, tu veux vivre en pès*). Écu aux armes de Châtillon Saint-Pol.

294. *Jeton de Jeanne, épouse de Philippe de Valois.* EN. CESTE CROIS. EST. LE. SEIGN. Clef en pal sur une croix fleurdelisée et entourée d'ornements gothiques.

℞. DE. LA. CHANBRE. AVS. DENEIRS. LA. ROINN. Écu parti de France et de Bourgogne ancien.

295. *Jeton de Philippe le Bon, duc de Bourgogne.* † PHILE. DVC. DE. BOVRGOVGNE. Ecu écartelé de Bourgogne, surmonté d'une couronne et accosté des lettres P. M.

℞. CONTE. DE. FLANDRES. CONT. DART. Croix fleuronnée, cantonnée de P. M., d'une couronne et d'un lion.

296. † ON. NE. DOIT. MIE. TROP DOLOIR. Croix dans un quadrilobe.

℞. † CE : DE. COI : ON FAIT : SEN. VOLOIR. Écu chargé de deux fasces.

297. *Jeton d'Isabeau de Bavière, épouse de Charles VI.* † YSABEL. DE : BAVIERE : PAR. LA. Écu en losange parti de France et de Bavière.

℞. † GRACE : DE. DIEV. ROYNE : (DE) FRANCE. Écu de Bavière-Palatinat.

298. † CE. SONT. LES. GETOERS. DE. LA. CAN. Écu de France.

℞. † AV. MESTRES. DES. MONAIES. Croix fleuronnée dans un trèfle. (Cour des Monnaies.)

299. *Jeton de la ville de Paris* (XVᵉ *siècle*). COMPTZ. BIEN. ET. PAIEZ. BIEN. Vaisseau flottant sommé d'un pavillon fleurdelisé, et accosté de deux fleurs de lis.

℞. VIVE : LE. ROY. ET. SES. AMIS. Le Calvaire de Grève sur un champ losangé et semé de fleurs de lis.

MONNAIES PROVINCIALES.

300. ALSACE. *Abbaye de Murbach.* S. LEODEGARIVS. Saint Léger crossé et mitré, assis.

℞. MONETA. NOVA. MVR. ET. LVDR. 1624. Deux écussons, l'un portant un chien, l'autre un dextrochère bénissant.

301. *Haguenau.* † MON. NOV. CIV. HAGENOIENSIS. 1665. Écu portant une rose.

℞. LEOPOLD I. D. G. ROM. IMP. SEM. AV. Aigle impériale.

302. *Colmar.* † MONETA. NO. COLMAR. Aigle ; au-dessous, un écusson portant une comète.

℞. S. MARTINVS. PATRO. Croix traversant la légende.

303. *Thann.* S. THEOBALDVS. EPS. Saint Thibaut crossé et mitré, assis.

℞. † MONETA. NOVA. TANNENSIS. Armoiries.

304. *Strasbourg* (monnaie épiscopale).

305.   — » —   (monnaie municipale).

306. ANGOUMOIS. † LODOICVS. Croix.

℞. † EGOLISSIME (*Angoulême*). Croisette entre quatre annelets.

307.   — » —   Même légende et même type.

℞. STIENAS (*Saintes*). Trois croisettes.

308. ANJOU. *Foulques Iᵉʳ ou Foulques II.* † GRACIA. DT. COMES. Monogramme de Foulques.

℞. † ANDEGAVIS. CIV. Croix.

309. — » — *Geoffroi Grisegonelle.* † GOSFRIDVS. COIS. Croix aux branches de laquelle sont suspendus un alpha et un oméga.

℞. † VRBS. AIDEGAV. Monogramme de Foulques.

310. — » — *Charles Iᵉʳ.* † CAROLVS COMES. Croix avec alpha et oméga.

℞. † ANDEGAVENSIS. Monogramme imité de celui des Foulques. *Obole.*

311. — » — *Charles III.* † KAROLVS. COMES. Croix.

℞. † ANDEGAVENSIS. Clef entre deux fleurs de lis.

312. Obole du n° 309.

313. — » — *Foulques.* ✝ FVLCO. COMES. Croix avec alpha et oméga.
℞. ✝ ANDEGAVENSIS. Monogramme de Foulques.

314. AQUITAINE. *Guillaume X.* ✝ GVILELMVS. Croix cantonnée de quatre points.
℞. AQVITANIE. Dans le champ, le mot DVX.

315. — » — *Edouard Ier.* ✝ EDVARD'. FILI'. Léopard.
℞' ✝ H'REGIS. ANGLIE. Croix.

316. — » — *Edouard III.* ✝ ED'. REX. ANGLIE. Léopard, au-dessous un B, différent de l'atelier monétaire de Bordeaux.
℞. ✝ DNS. ACITANIE. Croix.

317. — » ✝ ED'. POGN.... GIS. ANGLIE. Champ écartelé aux armes de France et d'Angleterre.
℞. ✝ PRINCEPS. AQVITANE. R. Croix à branches égales.

318. — » — *Édouard Ier.* ✝ EDVARDVS. REX. Dans le champ AGE, pour *Anglie* ; au-dessus un léopard, au-dessous la lettre E.
℞. ✝ DVX. ACIT. BVRD. Croix cantonnée de la lettre E.

319. — » ✝ *Hugues, comte de Rodez.* ✝ VGO. COMES. Croix.
℞. ✝ RODES. CIVI. Dans le champ ✝ DVS.

320. — » — *Édouard III.* ✝ ED'. REX. ANGLIE. Dans le champ, une croix cantonnée d'une fleur de lys ; légende extérieure : ✝ BNDICTV. SIT. NOME. DNI. NRI. I.
℞. AQITANIE. ✝ DVX. Léopard, au-dessus une couronne ; cercle de dix trèfles.

321. AUVERGNE. *Évêché de Clermont.* ✝ V. ARVERNA. Croix cantonnée de quatre trèfles.
℞. ✝ SCA. MARIA. Buste de face de la Vierge.

322. *Alphonse comte.* ✝ ANFOVRS. COMES, Châtel tournois.
℞. ✝ RIOMENSIS. Croix.

323 *Comté de Bar et duché de Luxembourg.* ✝ IOHANNES. RE. ET. HENRICVS COMI. Ecu écartelé de Luxembourg et de Bar, dans un écu triangulaire, posé entre trois couronnes, dans un quadrilobe (1).

℞. ✝ MONETA. SOCIORVM. Croix cantonnée de quatre couronnes; la seconde légende porte l'invocation : ✝ BNDITV. SIT. INOME. DHENRI. IHV. PII.

324. BÉARN. *Henri d'Albret.* HENRI. DEI. GRA. NAV. R. D. B. Dauphin.
℞. ✝ GRA. DEI. SVM. ID. QVOD. SVM. Petite croix.

325. — » — *Henri II.* ✝ HENRI. II. D. GR. R. NAVAR*re* Chiffres de Henri d'Albret, depuis Henri IV, et de Marguerite de Valois ; au-dessus, une couronne, au-dessous, une vache.
℞. ✝ G. D. SVM. ID. QVOD. SVM. Croix formée d'anneaux dans le genre des chaînes des armes de Navarre (1).

326. — » — *Gaston.* ✝ GASTO. DEI. GRA. DOMINVS. BEARNI. Croix dans un entourage formé de quatre quarts de cercle, et cantonnée de deux G et de deux vaches (2).
℞. ✝ PAX. ET. HONOR. FOVRQVIE. MORLANIS. Écusson de Béarn dans quatre quarts de cercle.

327. BERRY. *Étienne, comte de Sancerre.* ✝ IVLIVS. CESAR. Tête de Jules César ; derrière, une étoile.
℞. ✝ STEPHANVS. COME. Croix accostée de deux points.

328. — » — *Raoul III, seigneur d'Issoudun.* ✝ RADVLFVS. Croissant et M.
℞. ✝ XOLIDVN. Croix cantonnée de deux annelets.

329. — » — *Seigneurs de Vierzon.* ✝ VIRSIONE. Croix cantonnée de deux fleurs de lis
℞. Type imitant une espèce de fleur de lis.

330. — » — *Geoffroi de Brabant, seigneur de Vierzon.* ✝ GODEFR. DE. BRAB. Croix pattée.
℞. ✝ DNS. VIRSIONIS. Écusson portant un lion brisé d'un lambel.

331. — » — *Ebbes, seigneur de Déols.* ✝ DOLIS. Étoile à cinq pointes.
℞. ✝ EBO. DN. Croix.

---

(1) Luxembourg porte : *d'argent au lion de gueules, la queue fourchue, nouée, passée en sautoir, armé, lampassé et couronné d'or. Bar porte : d'azur semé de croix d'or recroisetées au pied fiché, à deux bars d'or adossés et brochant sur le tout.*

(1) La Navarre porte : *de gueules aux chaînes d'or, posées en orle, en croix, et en sautoir.*
(2) Le Bearn porte : *d'or à deux vaches de gueules, accornées, accolées et clarinées d'azur.*

332. — » — *Guillaume ? seigneur de Déols.* ✝ GVILERMVS. Croix cantonnée de deux fleurs de lis.
℞. ✝ DE. DOLIS. Etoile, au milieu une fleur de lis.

333 et 334. — » — *Geoffroi, seigneur de Gien.* ✝ GOSEDVS. COS. Croix cantonnée d'un alpha et d'un oméga.
℞. ✝ GIEMIS. CA. Monogramme de Foulques d'Anjou.

335. — » — *Guillaume de Chauvigny, seigneur de Château-roux.* ✝ GVILR. DOMINVS. Croix cantonnée de la lettre E, ou d'un oméga.
℞. ✝ CASTRI. RADVLFI. Cinq losanges posés en fasce (1).

336. — » ✝ GVILL. MVS. DOM. Croix cantonnée de deux fleurs de lis.
℞. ✝ CASTRI. RADVLFI. Dans le champ DNS entre un croissant et un oméga.

337. — » - *Seigneurs de Saint-Aignan.* ✝ CASTRVM. Edifice.
℞. ✝ SANCTI. ANIAI, Croix cantonnée de quatre points.

338. — » — *Robert, sire de Celles.* ✝ ROBERT. DE. MAV (*Mehun*). Croix dans une rosace
℞. ✝ SIRES. DE. CELES. Croix.

339. BOURBONNAIS. *Prieuré de Saint-Mayeul.* S. MAIOLVS. Buste de face de Saint-Mayeul ; à sa gauche, une crosse.
℞. ✝ SILVINIACO. Croix cantonnée d'un trèfle.

340. — » ✝ SCS. MAIOLVS. Profil mitré de Saint-Mayeul ; devant lui, une crosse.
℞. ✝ DE. SILVINIACO. Croix cantonnée au premier d'un B ; au second et au troisième des deux signes indéterminés ; au quatrième d'un D. Les lettres D. B. sont ici pour *Dominus Borbonii* ; les deux autres signes sont des coquilles ou des mitres : cette monnaie date de l'époque où les prieurs de Souvigny et les seigneurs de Bourbon faisaient ouvrer en commun.

341. BOURGOGNE. *Eudes IV.* ✝ EVDES. DVX. Croix ; dans la légende, on remarque un petit marteau entre l'E et l'S.
℞. BVRGONDIÉ. Châtel tournois, au-dessous B. G.

(1) Chauvigny porte : *d'argent à la fasce fuselée de gueules, brisé d'un lambel de sable à trois pendants.*

342. — » — EVDE. DEI. GRAS. Châtel tournois surmonté d'un aigle ; cercle de onze trèfles.
℞. BVRGVNDIE. DVX. Croix coupant la légende ; ✝ BNDICTV. SIT. NOME. DNI. NRI. DEI.

343. — » — *Robert II.* ✝ R. DVX. BVRG. DIE. Double crosse et deux étoiles.
℞. ✝ DIVIONENSIS. Croix cantonnée d'un astre et d'un annelet.

344. — » ✝ R. DVX. BVRGDIE. Ecu de Bourgogne ancien surmonté d'une double crosse (1).
℞. ✝ DIVIONENSIS. Croix cantonnée d'un annelet.

345. — » — *Philippe le Bon.* ✝ PHS. DVX. ET. COMES. Ecusson aux armes du comté de Bourgogne (2).
℞. ✝ MEDIA. ANCERNA. Croix cantonnée d'une fleur de lis au premier et au second canton. Cette curieuse monnaie valait la moitié de celle qui suit ; le mot *ancerna* désigne l'*angroigne,* monnaie qui avait, en Franche-Comté, un cours aussi répandu que les tournois en France.

346. — » — *Charles le Téméraire.* ✝ KOS. DVX. ET. COMES. B. Le champ est rempli par les armes du duc.
℞. ✝ ANSERNA. DE. AVXONNA. Croix cantonnée de deux lions et de deux fleurs de lis.

347. — » — *Auxerre.* ✝ ALTISIODOR'. Croix.
℞. Croix accompagnée de trois points devant chaque branche.

348. — » — *Abbaye de Cluny.* ✝ CLVNIACO. CENOBIO. Croix.
℞. PETRVS. ET. PAVLVS. Clef.

349. — » — *Frédéric, comte de Montbéliard.* FRIDE. D. G. COM WVRT. Armes des comtes de Wurtemberg dans un cartouche.
℞. MO. FACTA. MONT. 1586. Deux burs adossés dans un cartouche.

350. — » — *Alienor, comtesse de Tonnerre.* ✝ ALIENOR. D. D. SABAD. Croix pattée et couronnée d'une rose.
℞. ✝ MONETA. TORNODORV. Croix pattée.

(1) Bourgogne ancien porte : *bandé d'or et d'azur, à la bordure de gueules.* Bourgogne moderne porte : *semé de France, à la bordure componée d'argent et de gueules.*
(2) Bourgogne-Comté porte : *d'azur, semé de billettes d'or, au lion du même.*

351. — » — *Renaud, comte de Sens.* † RAINARDVS. COMES. Croix cantonnée de quatre annelets.
℞. SENONES. CIVITAS. Temple carolingien.

352. BRÉTAGNE. *Eudon de Penthièvre.* EDO. DVX. BRITANIE. Temple carlovingien ; au-dessous, trois étoiles.
℞. † EDONIS. CIVITAS. Croix cantonnée d'un E.   .

353-354-355. — » — *Conan?* † CONANVS. CON ou COME. Monogramme du nom de Conan.
℞. † REDONIS CIVITAS, IAS ou CIVIT. Croix.

356. — » — *Étienne de Penthièvre.* † STEPHAN. COM. Croix.
℞. † GVINGAMP. Dégénérescence d'un profil humain, ou de l'ancien monogramme d'Eudon.

357. — » — *Jean Ier.* I. DVX. BRITANIE. Ecu aux armes de Dreux (1).
℞. † COMES. RICHEMVD. Croix cantonnée de la lettre E.

358. — » — *Jean III.* † I. DVX. BRITANIE. Ecu de Dreux brisé d'un franc quartier d'hermine.
℞. † COMES. RICHEMVD. Croix cantonnée de la lettre R.

359. — » — *Jean III.* † IOHANNES. DVX. Mêmes armes.
℞. † BRITANNIE. Croix cantonnée d'une hermine.

360. — » — *Charles de Blois.* KAROLVS. DVX. Dans le champ BRITAN ; au-dessus, deux hermines.
℞. † MONETA. REDON. Croix haussée et fleuronnée.

361. CHAMPAGNE. *Provins.* SENATVS P. Q. R. Croix cantonnée d'un besant, d'un astre, d'un croissant et d'un V.
℞. ROMA. CAPVT. MVN (di). Type champenois, dit *au peigne ;* au-dessus, un S entre le soleil et la lune.

362. — » — *Thibaut :* TIOBALD. REX. Croix.
℞. † DE. NAVARIE. Fasce accompagnée de créneaux et d'un croissant.

363. — » — *Henri.* † HENRICVS. COMES. Croix cantonnée de deux points.
℞. †. TRECAS. CIVITAS. Monogramme du nom de Thibaut.

364. — » — *Thibaut.* † TEBAT. COMES. Croix cantonnée de deux annelets.
℞. † TRECAS. CIVITAS. Monogramme de Thibaut.

365. — » — *Thibaut Ier.* PETVS. EPICOPVS. Monogramme de Thibaut ; ce denier, comme les précédents, porte au droit la légende TRECAS. CIVITAS.

366. PAYS CHARTRAIN. *Chartres.* † CARTIS. CIVITAS. Croix.
℞. Type chartrain que l'on pense être la dégénérescence du profil carolingien.

367. — » — *Charles, comte de Chartres.* † K. COM. CARTIS. CIVIS. Croix.
. ℞. Type chartrain modifié et fleur de lis.

368 et 369. — » — *Charles, comte de Chartres.* Oboles aux mêmes ypes que le denier précédent, sauf que la croix est quelquefois cantonnée d'une fleur de lis.

370. — » — *Henri, comte de Chartres.* † H. COM. CARTIS. CIVIS. Croix cantonnée d'une fleur de lis et d'un besant.
℞. Type chartrain ; la fleur de lis est au centre.

371. — » — *Vendôme.* † VDONCAOSTO. Croix.
℞. Type chartrain modifié.

372. — » — *Bouchard, comte de Vendôme.* BO. COMES. Type chartrain modifié, de manière à représenter un espèce de châtel.
℞. † VIDOCINENCIS. Croix cantonnée d'un croissant avec un point.

373. DAUPHINÉ. *Archevéché de Vienne.* † SANTVS. MAVRICIVS. Profil barbu de Saint Maurice à gauche.
℞. MAXCIMA. GALLIARVM. Croix fleuronnée, cantonnée des lettres VIEN.

374. — » — MONETA. Croix.
℞. SCE. MANVE. Type dégénéré du chrisme. A. de Longpérier attribue ce denier à la ville de Manosque.

375. — » — *Louis de Villars-Thoire, évêque de Valence.* LVDVICV. D. VL. ELET. Croix partageant la légende ; au centre, un écu aux armes de Villars (1).

---

(1) Dreux porte : *échiqueté d'or et d'azur, à la bordure de gueules.*

(1) Villars porte : *bandé d'or et de gueules de six pièces.*

℞. † COMES. VALENTENESIS. E. DES. Aigle éployé.

376. — » — LVDOVICVS. D. VIL. EPIS. Croix formée de deux traits parallèles, coupant la légende, et cantonnée de deux écus aux armes de Villars, et de deux aigles éployés à double tête.
℞. † COMES. VALET. E. DIENSIS. Aigle éployé, portant un écu aux armes de Villars, avec une croix brochant sur le tout.

377. — » — LVDVIC'. D. VL. EPS. Un petit aigle au commencement de la légende ; écu de Villars brisé d'une croix, et accosté de trois roses.
℞. † COMES. VALTNS. EDS. Un **L** entre quatre roses.

378. — » — *Aimar VI, comte de Valence et de Die.* AMARIVS. DE. PITAVI. Un petit aigle commence la légende ; croix terminée par des croissants.
℞. † COMES. VALETNES. EDES. Dans le champ : AMAR ; au-dessus, un petit aigle ; au-dessous, un écu aux armes de Poitiers (1).

379. — » — *Évéché de Die.* † AVE : GRATIA : PLEN : Tête couronnée de la Vierge à gauche.
℞. † : CIVITAS : DIENSIS : Croix.

380. — » — *Évéché de Saint-Paul des Trois-Châteaux.* EPIS. Croix ancrée traversant la légende.
℞. † S. PAVLI. Mitre épiscopale.

381. — » — *Archevêché de Vienne.* † NOBILIS. Tête de Saint-Maurice à gauche.
℞. † VIENNA. Croix cantonnée de quatre points.

382. — » — *Bertrand, comte de Seyne ou Cadenet.* † BERTRAND' ; Croix.
℞. † COMES. EDNE. Astre.

383. — » — *Évéché de Lodève.* † FVLCRANNVS. Dans le champ SCS.
℞. † EPS. LODOVE. Croix pattée.

384. PAYS DE DOMBES. *Pierre II.* † PETRVS. DVX. BORBONI. T. D. (Trevoltii dominus). Écu aux armes de Bourbon dans un entourage formé de trois cintres, renfermant chacun une flamme.

(1) Poitiers-Valentinois porte : *d'azur à six besants d'argent, 3, 2 et 1, au chef d'or.*

℞. XPS. VISI. XPS. RENAT. XPS. IMP. Croix cantonnée de deux fleurs de lis, d'un P et d'un A.

385 et 386. Deniers du même prince avec les légendes : *Sit nomen Domini benedictum et Date et dabitur vobis.* Sur l'un, il est qualifié de Duc de Bourbon, sur l'autre de comte de Clermont

387. — » — IN. TE. DNE. SPERAVI. Tête du duc Pierre à gauche.
℞. DEXTERA. DNI. EXALTAVIT. ME. Cavalier armé galopant (franc à cheval d'or).

388 et 389. — » — *Jetons des comtes de Dombes.* † LES : GETOVERS. DE. BOVRBON. Croix fleurdelisée dans un quadrilobe.
℞. Écu aux armes de Bourbon, dans un quadrilobe ; à la place de la légende, on remarque douze fleurs de lis. Au lieu de ce revers, on voit sur le n° 389, celui-ci : SIT. NOMEN. DOMINI. BENEDICTV ; Croix fleurdelisée entre quatre cintres également fleurdelisés.

390. *Chapitre de Trévoux.* † SANCTVS. SYMPHORIANVS. Saint Symphorien à cheval, un étendard à la main.
℞. CAPITVLVM TREVOLCII. 1555. Armes du chapitre : un T accosté de deux clefs posées en pal.

391. FLANDRE. *Louis de Mâle.* LVDOVIC. COMES. FLAD. Croix traversant la légende et cantonnée de deux aigles et de deux lions.
℞. MONETA. GANDENSIS. Lion dans un épicycloïde (1).

392. — « — *Venceslas, duc de Luxembourg.* TVRONVS. LVCEB. Châtel tournois surmonté d'un petit lion.
℞. † VVENCESLAS. DVX. Croix.

393. — « — *Gui de Dampierre, comte de Flandre.* G. COMES. FLADRE. Croix traversant la légende, cantonnée de neuf besants et d'une petite croix.
℞. † MARCHIO. NAMVRC. Tête de face ; sur l'épaule gauche, une petite croix.

394. — » — *Louis V, comte de Chiny.* † LVDOVCVS. COMES. CHI'. Tête couronnée de face.
℞. MONETA YVODI'. Croix traversant la légende, et cantonnée de douze besants.

(1) Flandre porte : *d'or au lion de sable, armé et lampassé de gueules.*

395. — » — *Gui IV, comte de Saint-Pol.* ✝ GVIDO. COMES. Croix.
℞. ✝ MONETA. SANTI. Dans le champ : PAVLI et une gerbe.

396. — » — *Philippe, évêque de Cambrai.* PHILIPPVS. EPS. Croix cantonnée d'un alérion.
℞. CAMERACENSIS. Aigle éployé.

397. — « — *Ville d'Aire.* Lion.
℞. ✝ ARIENSIS. Croix cantonnée de quatre points.

398. — » — *Ville de Bergues Saint-Winoc.* MONETA. Fleur de lis.
℞. ✝ BERGENS. Croix pattée et cantonnée de trèfles.

399, 400 et 401. — » — *Ville de Béthune.* Triangle fleurdelisé et accompagné d'étoiles.
℞. ✝ BETVNE. ou BETV. Croix cantonnée de points et traversant la légende.

402. — « — TM. ES. TM. ES. Les lettres sont séparées deux par deux par des annelets : croix cantonnée de quatre points.
℞. ✝ COMITISSA. Croix. Cette monnaie, qui appartient évidemment à la Flandre, n'a pas encore été déterminée.

403. ILE DE FRANCE. *Abbaye Saint-Médard de Soissons.* ✝ SCS. MEDARDVS. Croix cantonnée de deux annelets et de deux croissants.
℞. : ST. SEBASTIANV'. Dextrochère tenant un étendard entre deux petites croix pattées.

404. — » — *Henri, évêque de Beauvais.* ✝ HENRICVS. EPIS. Croix cantonnée de deux points.
℞. BELVACEN... Ancien monogramme carolingien.

405. — » — *Barthelemy. — » —* Denier aux mêmes types que l'obole précédente.

406. LANGUEDOC. *Alphonse Jourdain, comte de Toulouse.* ✝ ANFOS. COMES. Croix cantonnée de deux crosses.
℞. ✝ TOLOSA. CIVI. Dans le champ une crosse, un A et un X. dégénérescence du mot PAX.

407, 408 et 409. — » — *Evêques d'Albi.* ✝ RAMVND. Croix.
℞. ✝ ALBIECI. Sur les deux premières, un type confus, dans lequel on croit voir la dégénérescence du mot *comes*, du mot *civitas*, ou de l'ancien monogramme carolingien ; sur la troisième, une crosse, deux I et un V, restes peut-être de CIVI.

410. — » — *Raimond VII, comte de Toulouse.* ✝ R. BONAFOS dégénérescence des mots PAX ou VGO.
℞. ✝ ALBIENSIS. Croix cantonnée d'une crosse.

411. LORRAINE. *Thierri Ier, duc bénéficiaire.* ✝ DEODERIC.... Croix.
℞. S. PETRVS. en 2 lignes. (Atelier de Remiremont.)

412. — » — *Gérard d'Alsace.* ✝ GERAR.... Croix cantonnée de deux points.
℞. S. PETRVS. Petit édifice.

413. — » — *Jean Ier.* IOHAN. Un petit alérion commence la légende ; dans le champ MARCHI.
℞. ✝ MONET. NANCEI. Croix.

414. — » — *Thibaut II.* T. DV. Guerrier combattant.
℞. NANCEI. Epée posée en pal.

415. — » — *Ferri.* F. DVX. Guerrier debout.
℞. Epée posée en pal.

416. BARROIS. *Yolande de Flandre.* IOLANDIS. BLAND. ; dans le champ, BARI. COIT.
℞. ✝ MONETA. DVPLEX. Croix fleurdelisée, cantonnée d'un point.

417. — » — IOLADIS. C. BRX. Dans le champ, BRANCORV.
℞. ✝ MONETA. DVPLEX. Croix fleurdelisée.

418. — » — *Godefroi, comte de Chiny.* ✝ GODEFR... ES. CHINEIE. Ecu aux armes de Chiny, accompagné de trois couronnes dans un trèfle.
℞. ✝ MONETA. AVIOTENSIS. Croix cantonnée de quatre couronnes ; légende extérieure : BNDICTV. SIT. NOME. NRI. DNI....

419. — » — *Antoine, duc de Lorraine.* ✝ ANTHON. D. G. LOTHO. B. DVX. Tête à gauche et couronnée du duc.
℞. MONETA. NANCEII. CVSA. 1538. Ecu couronné de Lorraine (1).

420. MAINE. *Charles Ier.* ✝ K. FIL. REGIS. FRANCIE. Monogramme d'Erbert.

____

(1) La Lorraine porte : *d'or à la bande de gueules, chargée de trois alérions d'argent.*

℞. †. ANIEVINS. DOBLES. Croix cantonnée de deux points et de deux croix.

421. — » — *Charles II.* MONETA. CENOM. Couronne, au-dessous une fleur de lis.
℞. SIGNVM : DEI : VIVI. Croix cantonnée de quatre fleurs de lis.

422. — » — *Charles Ier.* CAROL. REX. SICILIE. Couronne.
℞. Même type que le numéro précédent.

423. — » — CENOM. Lis. MONETA. Couronne.
℞. SIGNVM. DEI. VIVI. La légende commence par une fleur de lis ; croix cantonnée de deux fleurs de lis.

424. NIVERNAIS. † INEVERNIS. CVT. Croix cantonnée d'une croisette.
℞. † LODVICVS. R. Dans le champ, un type bizarre qui semble compléter le mot REX.

425. Obole du numéro précédent.

426. NORMANDIE. *Richard.* † RICHARDVS. Croix cantonnée de quatre points.
℞. RCDCMCORI. Croix haussée sur deux degrés et accostée des lettres O. S.

427. — » † SCA.... NORTI. Croix.
℞. RCDCMCORI. Deux frontons ; entre eux, une croix entre deux I ; dégénérescence du type du temple.

428. — » — *Henri d'Angleterre.* † HENRICVS. REX. Léopard (1); un point sous la première lettre de la légende.
℞. TVRONVS. CIVI.... Croix traversant la légende, au centre un H.

429. — » — HENRICVS. REX. Léopard ; au-dessus, une large croix pattée.
℞. OBOLVS. CIVIS. Fleur de lis ; au-dessus, une large croix pattée.

430. — » † H. REX. ANGLIE. : Z : (et) HERES FRANCIE. Léopard au milieu de trois fleurs de lis surmontées d'une couronne.
℞. † SIT. NOMEN. DOMINI. BENEDICTVM. Croix fleurdelisée ; au centre, H.

(1) La Normandie porte : *de gueules à un léopard d'or.*

431. — » — H. REX. ANGL. HERES. FRANC. Léopard et fleur de lis.
℞. † SIT. NOME. DNI. BENEDICTV. Croix pattée, au centre un H.

432. — » — HENRICVS. DEI. GRA. FRACORV. ET. AGLIE. REX. Un léopard (différent de la monnaie de Rouen) commence la légende. Dans le champ, la Vierge en prière à droite ; à gauche, l'archange Gabriel tenant verticalement un phylactère sur lequel on lit AVE ; plus haut des rayons de lumière ; plus bas, devant Marie, l'écusson de France ; devant l'archange, l'écusson écartelé de France et d'Angleterre.
℞. XPC. VINCIT. XPC. REGNAT. XPC. IMPERAT. Différent de Rouen ; croix accompagnée d'une fleur de lis et d'un léopard dans une bordure lobée et fleurdelisée ; sous la croix, la lettre H. (*Or.* Salut d'Henri VI.)

433. — » — HENRICVS. FRANCORV. ET. ANGLIE. REX. Différent de Rouen ; ange vu de face, les ailes éployées, tenant deux écussons, l'un de France, l'autre écartelé de France et d'Angleterre.
℞. FIAT. PAX. IN. VIRTVTE. TVA. ET. En tête de la légende une fleur de lis ; croix pattée, cantonnée de quatre fleurs de lis couronnées et renfermées dans un entourage de huit lobes. Cette pièce est un pied-fort en argent de l'angelot d'or de Henri VI frappé en 1427.

434. ORLÉANAIS. *Thibaut de Blois, à Romorantin.* † T. CO. REMOR' Croix.
℞. Modification du type chartrain.

435. — » — *Comté de Blois.* BLESIANIS. CSTO. Croix.
℞. Modification du type chartrain.

436 et 437. — » — *Jeanne, comtesse de Blois.* I. COITISSA. Type chartrain.
℞. † BLESIS. CASTRO. Croix ; le denier a un point au second canton de la croix.

438 et 439. — » — *Hugues II de Châtillon.* † H. COM. BLESENSIS. Croix.
℞. Type chartrain.

440 et 441. — » — *Gui Ier de Châtillon.* GVIDO. COMES. Type chartrain.

℞. † BLESIS. CASTRO. Croix.

442 et 443. — » — » — Variétés des mêmes pièces, sur lesquelles on lit BLES. CASTRO, et un B au second canton de la croix.

444. Périgord. † LODOICVS. Croix.

℞. † ECOLISSIME. Cinq annelets posés en sautoir.

445 — » — *Henri de Lancastre, seigneur de Bergerac.* † EN : DNS. BRAGIE. Croix à pied coupant la première légende ; la seconde légende était BNDICTV. SIT. NOME, etc.

℞. LANCAIE. DVX. Léopard couronné et assis; cercle de treizecroix.

446. — » — » — Sur cette variété, les croix sont remplacées par des palmettes.

447. — » — » — HEN. COMES. LNCE. — BNDICTU. SIT. NOME, etc. Croix coupant les deux légendes.

℞. † DNS : BRAGAIRACII. Châtel tournois; cercle de trèfles.

448. — » — » † DVX. ACITANIE. Tête couronnée de face.

℞. CIVITAS..... CIE. Croix coupant la légende et contournée de six points, trois par trois, et de deux couronnes.

449. — » — † GVILLILMO. Quatre croisettes; au milieu, un annelet.

℞. † BVRDEGALA. Croix.

450. — » — *Hugues le Brun, comte de la Marche.* † HVGVO· BRUNNI. Croix cantonnée d'une étoile.

℞. † C. ENGOLIMEN. Dans le champ SIS, entre une rose et un croissant.

451. — » — *Raymond, vicomte de Turenne.* † R. VICECOMES. Croix cantonnée de deux annelets.

℞. † TVRENNE. Dans le champ A, entre deux croissants et deux annelets.

452. Poitou. *Alphonse, comte de Poitou.* † ALFVNS'. COMES. Croix cantonnée d'une fleur de lis.

℞. PICTAVIENSIS, en trois lignes.

453. Provence. *Guillaume V, comte de Provence* : † VVILELMVS. Dans le champ, COME, disposé en cercle.

℞. † PROENCIE. Croix.

454. — » — *Etienne, archevêque d'Arles.* S. ARCHIEPISCOPVS. Buste de face et mitré.

℞. † ET. PRICEP'. ARELATESI. Croix cantonnée d'une croisette. Voy. n° 463.

455. — » — *Évêché de Gap.* † VAPIE..... Rose ou chrisme.

℞. † EPISCOPVS. Croix pattée.

456. — » — *Principauté d'Orange.* † PRINCIPES. Croix à pied (type des deniers de Lyon).

℞. † AVRASICENS. Croix.

457. — » — *Raymond IV ou V d'Orange* † R. PRINCEPS : Profil à gauche.

℞. † AVRASICENS. Croix.

458. — » — *Raymond IV ou V d'Orange.* R. DI. GRA. PNCPS. AVRA. Cavalier galopant à gauche ; sur son bouclier, un cornet (1).

℞. † SIGNVM CRVCIS. —† MONETA. CIVITATIS. AVRASICE. Croix.

459. — » — *Louis d'Orange.* †.. ICVS : PRINCS. AVRAS... Écu écartelé des armes de Vienne, de Chalon et d'Orange ancien.

℞. † SIT : NOME : DNI : BENEDICTV. Croix cantonnée de quatre cornets.

460. — » — *Raimond IV ou V d'Orange.* † R'. DEI : GRA : PRINCPS. Écu portant un cornet et surmonté d'un heaume.

℞. AVR'. DVP. D. III. G'. XX. Croix cantonnée de deux cornets.

461. — » — *Frédéric-Henri d'Orange.* FRED. HENR. D. G. PRIN. AVR. COM. NASSAV. Profil du prince d'Orange à droite.

℞. SOLI. DEO. HONOR. ET. GLORIA. 1642. La lettre H au milieu de fleurons disposés en croix.

462. — » — *Bertrand III d'Orange.* † BTDVS. PRINCEPS. Aigle à deux têtes, éployé.

℞. AVRASICENSIS. Croix formée de deux traits, coupant la légende ; dans les cantons les lettres AMEN.

463. — » — *Nicolas Cibo, archevêque d'Arles.* NICOLAVS... Dans le champ, les lettres P. R. C. S.

℞. † AREL. EPISCOPVS. Croix traversant la légende et cantonnée d'une crosse et d'un aigle.

(1) Orange porte : *d'or, au cor d'azur, lié, enguiché et virolé de gueules.*

464 et 465. Roussillon. *Alphonse V, roi d'Aragon.* † ALFONS'. DI. GRA. REX ou RX. ARAG. ou ARA. Tête couronnée du roi à gauche.

℟. COMS. BARKNONA. ROCIL. Croix partageant la légende et cantonnée de six points, 3 et 3, et de deux annelets.

466. — » † ALFONS .. Tête couronnée du roi à gauche.

℟. † COMES. ROCIL. Rameau.

467. — » — *D. Juan d'Aragon.* † IOANNES. REX. Tête couronnée du roi à gauche.

℟. † COMES. ROCILI. Rameau.

468. — » — *Ferdinand d'Aragon.* † FERDINANDVS. DEI. GRACIA. R. Buste couronné de D. Ferdinand à gauche.

℟. COMES. ROSILIONIS. Types des n°s 464 et 465, sauf que la croix est chargée au centre de la lettre P.

469. Touraine. *Abbaye de Saint-Martin de Tours.* S. M. Tête de saint Martin à droite.

℟. RATIO. SCI. MARTINI. Monogramme carolingien.

470, 471, 472 et 473. Variétés des monnaies de saint Martin de Tours.

474. Comtat venaissin. *Innocent VIII, pape.* † INNOCENCIVS· P. P. OCTAVVS. Tiare papale.

℟. S. PETRVS. AVINIONIS. Deux clefs en sautoir ; au-dessus, une tiare. *Or.*

475. — » — INNOCENCIVS. PP. OCTAVVS. Saint-Pierre assis, bénissant et tenant une croix à doubles croisillons.

℟. SANCTVS. PETRVS. Croix traversant la légende et cantonnée de huit clefs en sautoir, deux par deux.

476. — » — *Jules III, pape.* IVLIVS. PP. TERTIVS. Saint Pierre assis et bénissant.

℟. ALEX. FAR. C. LEGA. AVE. Même type que ci-dessus.

477. — » — *Grégoire XIII, pape.* † GREGORIVS. XIII. PON. MAX. Deux clefs passées en sautoir.

℟. † S. PETRVS. ET. PAVLVS. Croix dans un quadrilobe.

478. — » — *Clément VIII, pape.* CLEMENS. VIII. PONT. M. Deux clefs en sautoir.

℟. S. PETRVS. ET. PAVLVS. CAR. Croix dans un quadrilobe.

479. — » — *Jules II, pape.* † IVLIVS. PAPA. SECVNDVS. T. Ecusson à deux clefs en sautoir surmonté d'une tiare et accosté à droite d'une tiare, à gauche d'un écu aux armes pontificales ; sous l'écusson, AVI.

℟. † GEORGIVS. DE. AMBASIA. CAR. ET. LEGA. Croix cantonnée de quatre clefs en sautoir, deux par deux, et de deux tiares.

480. — » — *Charles, cardinal de Bourbon, légat.* † HENRICVS. III. D. G. FRAN. ET. P. REX. 1583. Un grand H couronné entre trois fleurs de lis.

℟. † CARO. CA. LEGA. GEORGA. COLE. AVEN. Croix fleurdelisée.

481. — » — *Sixte-Quint, pape.* SIXTVS. V. PONTIF. MAX. Un grand S surmonté d'une tiare, au-dessous de la date 1586.

℟. † KA. DE. BOVRBON. CARD. LEGA. AVEN. Croix fleurdelisée.

482. — » — *Clément VIII, pape.* CLEMENS. VIII. PONT. MAX. Ecusson portant deux clefs en sautoir, et surmonté d'une tiare.

℟. ⊕ CARO. EP. ANCON. PROLE. AVE. 1601. Croix ancrée et cantonnée de quatre aigles couronnés.

VARIÉTÉS NUMISMATIQUES ET MONNAIES ÉTRANGÈRES

483. *République helvétique.* REPUBL. HELVETI. Faisceau, sur des branches de laurier.

℟. I. RAPPEN. 1801. Dans une couronne de laurier.

484. *Joachim Murat, grand-duc de Berg et de Clèves.* Un grand J ; au-dessus, une toque ducale, au-dessous, deux branches de laurier.

℟. BERG. UND. CLEV. I. M. Dans le champ III. STVBER. 1806.

485. *Monnaie obsidionale de Saragosse.* F. 7, surmonté d'une couronne.

℟. S. D. ¼.

486. *Monnaie obsidionale de Cattaro.* CATTARO. EN. ETAT. DE. SIEGE. 1813. Canon, fusil et sabre en trophée, deux palmes.

℞. DIEU. PROTEGE. LA. FRANCE. 10. Un N couronné accosté des sigles 5. F.

487. *Sienne sous la protection de la France.* HENRICO. II. AVS-PICE. Croix fleurdelisée, au-dessous de la lettre A.

℞. R. P. SEN. IN. MONTE. ILICINO. 1556. Romulus et Rémus allaités par une louve.

488. *Alexandre Berthier, prince de Neufchâtel.* ALEXANDRE. PR. DUC. DE. NEVCHAT. Armoiries de Berthier surmontées d'une toque ducale et entourées d'un collier de la Légion d'honneur.

℞. PRINCIPAUTÉ. DE. NEVCHAT. 1808. I. CREUT, dans une couronne de laurier.

489. *Monnaie du siège de Valence.* FERN. 7. POR. LA. G. DE. DIOS. Y. LA. CONST. 1823. Buste du roi Ferdinand VII à droite.

℞. VAL. SITIADA. POR. LOS. ENEMICOS. DE. LA. LIBER-TAD. Ecu couronné aux armes d'Aragon (1), accosté de deux L et des signes L. R.

490 à 496, monnaies du xıᵉ siècle, de la ville de Bâle ; le nᵒ 492 est probablement de Zurich.

497 à 500, monnaies de Zurich, TVREGVM, et de Duggingen, DOCCVCCA ?, frappées au xıᵉ siècle.

501. *Monnaie obsidionale d'Aire.* PHIL. IIII. REX. PATER. PATRIÆ. ARIA. OBSESSA. ℞. 1641. VIII.

502. — » — LVD. XIII. REX. PIVS. IVSTVS. INVICTVS. ARIA. VNO. ANNO. BIS. OBSESSA. 1641. (*Or et argent.*)

503. Monnaies frappées en Hongrie, de 704 à 707, par François Rococzi.

504. Monnaie obsidionale du deuxième siège d'Aire.

505. Monnaie obsidionale du siège de Jametz.

506. ITALIE. *Louis Tizzoni, comte de Déciane.* LVDOVICVS. TI. DEC. C. IMP. VI. (*imperii vicarius*). Buste du comte ; la légende commence par un petit aigle à double tête.

℞. † REDE. VNIQVIQVE. QVOD. SVVM.' EST. Ecu portant trois pals, et un chef chargé d'un aigle ; timbré d'un casque avec ses

(1) Aragon porte : *d'or à quatre pals de gueules.*

lambrequins ; au-dessus, une balance et une épée accostées des lettres L. T.

507. — » — *Delphino, comte de Déciane.* DELPHINVS. PAT. ANT. MAR. TIT. BL. COM. DEC. Buste armé du comte tenant un sceptre, et la main gauche sur la garde de son épée ; au-dessous 60.

℞. ET. SACRI. ROMANI. IMPER. VICARII PERPE. Aigle impérial portant au cœur les armes de la maison d'Autriche.

508. — » — *Antoine-Marie, comte de Déciane.* ANT. MAR. TIT. COM. DEC. PRO. IMP. Buste du comte.

℞. SOLI. DEO. HONOR. ET. GLORIA ; écu couronné et écartelé aux 1ᵉʳ et 4ᵉ, un aigle éployé, aux 2ᵉ et 3ᵉ trois pals, et sur le tout les armes des Tizzoni. — *Or.*

509. — » — ANT. MAR. TIT. COM. DEC. VIC. IMP. PERP. Buste armé du comte, la main gauche appuyée sur la garde de son épée.

℞. VIRTVTE. CAESAREA. DVCE. Aigle impérial portant en cœur les armes d'Autriche.

510 et 511. HAINAUT. Mailles anonymes de Hainaut.

512. — » — *Marguerite.* † MONETA. VALENCENENSIS. Cavalier galopant à gauche.

℞. † SIGNVM. CRVCIS. Croix ; † MARGARETA. COMITISSA.

513. — » — *Guillaume Iᵉʳ.* G. COMS. HANONIE. Croix traversant la légende.

℞. † VALENCENENSIS. Monogramme du Hainaut.

514. — » † VVIL. COMES. HANO. Croix traversant la légende et cantonnée de douze globules, trois par trois.

℞. † MONETA. VALENCENIS. Monogramme du Hainaut.

515. — » — *Guillaume II.* † GVILLELMVS : COMES : HANONIE. Monogramme du Hainaut dans un entourage lobé.

℞. MONETA. VALENS. Croix traversant la légende ; † BNDICTV. SIT : NOMEN : DNI : NRI.

516. ITALIE. *Monnaies de Salerne et de Bénévent.* Tari d'or attribué à Guimar Iᵉʳ.

517, 518 et 519. — » — Gisulfe II.

520. — » — Monnaie de Robert Guiscard.
521. — » — Monnaie du duc Roger surfrappée.
522. — » — Monnaie de Grimoald et de Charlemagne.
523. — » — Monnaie de Grimoald seul.
524. — » — Monnaie de Pépin, roi de France.
525. — » — Monnaie de Siconolfe de Bénévent.
526. — » — Monnaie de Charlemagne (à Pavie ?)
527. — » — Monnaie de Grimoald et de Charlemagne.
528. — » — Monnaie de Grimoald seul.
529 et 530. — » — Monnaie de Siconolfe de Bénévent.
531. ANGLETERRE. *Canut, roi danois.* CNVT. REX, disposé en croix.
℞. † EBRAICE. CIVITAT. Petite croix.
532. — » — Même type qu'au numéro précédent.
℞. CVN. NET. TI. Petite-croix cantonnée de points.
533. — » — Autre avec :
℞. † QVENTOVICI. Petite croix :
534. — » — CNVT. REX. Croix au pied recroiseté.
℞. † MIRABILIA. FC. Croix cantonnée de deux points.
535. — » — EBRAICEC. Croix à un croisillon recroiseté.
℞. MIRABILIA. FC. Même type que ci-dessus.
536. — » — *Sigefroi.* † SIEFREDVS. Croix cantonnée de deux points.
℞. † REX. Disposé devant les branches d'une croix.
537. — » — † SIEFREDVS. REX. Croix recroisetée.
℞. † EBIAICECIVI. Croix accompagnée de points.
538. — » — *Sievert?* SIEVERT. RX. Longue croix sur des degrés.
℞. †. EBIAICECIVI. Petite croix.
539. — » — † SIEVERT. REX. Croix à une branche recroisetée.
℞. † DNS. DS. REX. Croix cantonnée de deux points.
540. — » — *Olaf.* DNS. DS†O. REX.
℞. MIRABILIA. FECIT. Croix cantonnée de deux points. Voy. les n⁰ˢ 550 et 551.

541, 542 et 543. ROYAUME D'ARMÉNIE. *Hethum Ier et Isabelle sa femme.* Légende en caractères arméniens : *Gharalutjunn Asduzo (potestas Dei).* Le roi et la reine debout et tenant une croix.
℞. *Hethum Thakavor Ajotz* (Hethum, roi des Arméniens). Lion marchant à droite ; au-dessus, une croix.
544. CASTILLE. *Alphonse III.* Cette curieuse monnaie est un anfour d'or du roi Alphonse, portant des légendes arabes dont voici la traduction : 1° au centre en cinq lignes : *Le prince | des catholiques | Alphonse fils de Sanche | que Dieu le soutienne | par son aide.* Autour : *A été frappé ce dinar à Tolède l'an 1255 de Safar (1217 de Jésus Christ).*
℞. Au centre, en trois lignes : † *L'imam de l'Eglise chrétienne, le pape de Rome ALF.* Autour : *Au nom du Père, du Fils et du Saint-Esprit. Dieu est unique. Celui qui voit et qui est baptisé est sauvé.*
545. — » † ALFONSVS. DEI. GRACIA. REX. Buste couronné du roi, entre un spectre surmonté d'une croix et une épée.
℞. † IN. NE. PATRIS. & FLI. & SPS. SCI. Lion sur des espèces d'arcades.
546. — » — *Obole d'or arabe.* Au centre : *Il n'y a de Dieu que le Dieu unique.* Autour : *Mohammed est l'apôtre de Dieu qui l'a envoyé avec la direction et la religion véritable.*
℞. Au centre : *Au nom de Dieu, le clément, le miséricordieux.* Autour : *A été frappé ce demi* (dinar) *dans l'Andalousie l'an 102 (724).*
547 et 548. *Augustale d'or et demie de l'empereur Frédéric Ier.* IMP. ROM. CESAR. AVG. Buste lauré de l'empereur.
℞. † FRIDERICVS. Aigle éployé, regardant à droite.
549. *Monnaie d'or des empereurs de Nicée, dite perpre d'or.*
550. ANGLETERRE : *Henri II.* HENRICVS. REX. Tête de face.
℞. † AIMER. ON. LVND. Petite croix double, et cantonnée de seize points, quatre par quatre. (*Esterlin*).
551. — » — *Henri III.* HENRICVS. REX. III. Tête de face.
℞. WILLEM. ON. CANT. Grande croix double, cantonnée de douze points, trois par trois. Voy. les n⁰ˢ 531 à 540.
552. *Monnaie de Pise dite Aigle.* La Vierge assise tenant l'enfant Jésus ; dans le champ, le monogramme grec de *Mater Dei.* et M. SE.

℟. FR. IMP. ATOR. Aigle éployé, la tête coiffée d'une espèce de toque et regardant à gauche.

553. ORIENT LATIN. *Princes d'Achaïe. Guillaume de Villehardouin.* † G. PRINCEPS. Tête de face.

℟. † ACHAIE. Croix cantonnée de quatre points.

554. — » — Monnaie à légende barbare d'un duc d'Achaïe, peut-être du nom de Jean, produit évident d'un faux monnayage. Au revers, on distingue des traces du nom de la ville de Thèbes.

555. — » — *Gui Ier de la Roche, prince d'Athènes.* DNS. ATHEN. Dans le champ, un G surmonté d'un signe d'abréviation.

℟. † THEB. CIV. Croix cantonnée de deux étoiles et de deux coins.

556. — » — *Incertaine.* † G? DVX? ATENES. Croix.

℟. †TEBANI. CIVIS. Châtel.

557. — » — *Philippe de Savoie, prince d'Achaïe.* † PHS. D. SAB. P. ACHE. Croix.

℟. † D. CLARENCIA. Châtel; au-dessous, une étoile.

558 à 561. — » — *Philippe de Tarente.* Ces deniers sont autant de variétés ; les abréviations indiquent les titres du prince : *Philippus princeps Achaie, Tarenti, despotes Romanie.* Les nᵒˢ 560 et 561 sont frappés à Lépante.

562. — » — *Louis de Bourgogne.* † LODOVIC. D. B'. P. ACHE. Croix.

℟. DE. CLARENCIA. Châtel.

563. — » — *Mahaut de Hainaut.* † MAHAVTA. P. ACH. Croix.

℟. DE. CLARENCIA. Châtel.

564. — » — *Jean de Gravina.* † IOANS. P. ACHE. Croix.

℟. DE. CLARENCIA. Châtel.

565. — » — *Robert d'Anjou.* † ROBE. P. ACH. Croix pattée.

℟. *DE. CLARENCIA.* Châtel.

566. — » — *Gui Ier de la Roche, duc d'Athènes.* † DNS. ATHEN. Édifice surmonté de trois tours, analogue à celui que l'on voit sur les monnaies de Gênes.

℟. † THEB. CIVI. Croix.

567. — « † GVI. DVX. ATENES. Croix.

℟. THEBANI. CIVES. Châtel.

568. — » — *Guillaume de Villehardouin, prince d'Achaïe.* † G. PRINCEPS. Croix.

℟. CLARENTIA. Châtel.

569. — » — G. P. ACCAIE. Croix pattée coupant la légende.

℟. CORINTVS. Édifice surmonté de trois tours.

570 à 573. — » — *Guillaume de la Roche, duc d'Athènes.* Quatre variétés des monnaies de ce personnage ; nous signalons le nᵒ 573 sur lequel on voit un écusson aux armes de la Roche.

574 à 577. — » — Variétés de monnaies de *Gui II de la Roche.* Le dernier numéro, portant le nom de l'atelier de Chiarenza n'est probablement que le produit d'un faux monnayage.

578. COMTES D'ÉDESSE, *Baudouin II.* — ΒΑΓΔΟΙΝΟϹ ΔΟΥΛΟϹ-ΤΑΥ. Le comte debout, avec la cotte de mailles, élevant la croix.

℟. Croix fleuronnée. *C.*

579. — Buste du Christ nimbé, tenant les Evangiles entre les sigles IC̅, XC̅.

℟. Croix ornée de globules et de fleurons. *C.*

580. PRINCES D'ANTIOCHE. *Roger.* — La vierge nimbée, couverte d'un manteau orné de pierreries, les deux mains levées ; dans le champ, M̅H̅ Θ̅Y̅ pour MHTEP ΘEOY.

℟. † KE BOHΘEI Tω CωΔOYΛω POTZEPIω † en cinq lignes. *C.*

581. — O et A en monogramme (pour O ΑΓΙΟϹ) ΓEωP ΓΙΟϹ. Saint-Georges à cheval transperçant le dragon.

℟. POTZEP ΠΡΙΓΚΠΟϹ ANTIOK en quatre lignes. *C.*

582. — *Raymond de Poitiers.* ANTIOCHIE en trois lignes.

℟. Figure formée de trois lignes partant d'un même point et cantonnée de trois lettres de forme bizarre : RAM. — *C.*

583. — *Anonyme.* Le prince d'Antioche, à cheval, galopant e tenant une grande bannière.

℟. Croix pattée cantonnée des lettres ANTO. — *C.*

584. — ANTIOCHIA en trois lignes séparées par des traits.

℟. Édifice à trois tours crénelées. *C.*

585. ANTIOCHE OU TRIPOLI. *Anonyme.* Tête casquée de profil entre deux rameaux.

℞. Dans une rosace, figure formée de quatre traits se coupant deux à deux. *C.*

586. Rois de Jérusalem. *Henri de Champagne.* † COMES HENRICVS. Croix pattée cantonnée de quatre besants.
℞. † PVGES D'ACCON. Fleur de lis. *C.*

587. — Comtes de Tripoli. *Bohémond VII.* † SEPTIMVS : BOEMVNDVS : COMES. Croix dans une rosace formée de douze arcs de cercle.
℞. † CIVITAS : TRIPOLIS : SYRIE. Donjon à trois tours dans une rosace formée de douze arcs de cercle. — *Arg.*

588. Seigneurs de Baruth. *Jean II.* DE BARVTh. Haute porte crénelée.
℞. Sorte de lacis entremêlé de points. *C.*

589. *Besant à légendes chrétiennes, frappé à Acre par les Vénitiens.* En légendes arabes : 1) *Frappé à Acco, l'an mil deux cent cinquante et un de l'incarnation du Messie ; — 2) Le Père, le Fils et l'Esprit-Saint ; — 3) Divinité Unique.*
℞. *Nous nous glorifions par la croix de Notre Seigneur Jésus le Messie, de qui nous tenons notre salut et notre vie et notre résurrection, et par qui nous avons été délivrés et pardonnés.* Au centre, une croix ; des croisettes au commencement des légendes. *Or.*

590. Rois de Chypre. *Henri Ier.* hENRICVS REX CYPRI. Le roi, en grand costume byzantin, avec une dalmatique de perles, tenant une croix et un globe crucigère.
℞. $\overline{\mathrm{IC}}$ $\overline{\mathrm{XC}}$. Le Christ nimbé, assis sur un trône. *Or blanc.*

591. — — † HENRICVS. Croix pattée.
℞. Porte de ville crénelée ; sur le fronton, REX. *Billon.*

592. — *L'usurpateur Amaury :* † AMALRIC' TIRE'SI' DOMINI. Lég. intérieure : CIPRI. GVBNAT. E. RET. Le lion de Chypre.
℞. † IRLM E'CIPRI REGI'FILIS. Ecu parti de Jérusalem et de Chypre ou Lusignan. *Arg.*

593. — *Jacques II.* : IAC ·· O ·· BS. DEI G. Le roi à cheval tenant une épée dans la main droite.
℞. † : R : IERVS : CIPRI : ET : ARMIA : Croix de Jérusalem. *Arg.*

594. — † IACOB. S. DEI. G. R. IER. Tête couronnée du roi, à droite.
℞. † R. IERVS : CIPRI : ET ARMIA. Croix de Jérusalem. *Arg.*

595. — *Catherine Cornaro.* † KATERINA : VENETA : REGIAN. La reine couronnée assise de face sur un trône, tenant le sceptre et le globe crucigère. Dans le champ, la lettre P.
℞. † IERVSALEM. CIPRI. ET. ARMI. RE. Croix de Jérusalem. *Arg.*

596. Ordre de St-Jean de Jérusalem a Rhodes. *Jean Fernandez de Hérédia, grand maître.* † F IOhES. FERANDI. DEI. GRA. MAG. Le grand-maître agenouillé devant la croix ; derrière lui, une tour à deux étages surmontée du différent G.
℞. † OSPITAL : S. IOhIS. IERLEM. R. Croix ornée et feuillagée, avec l'écusson de l'ordre à chacune de ses extrémités. *Gigliato. Arg.*

597. *Jacques de Milly.* IACOBV. D. ML. Saint Jean-Baptiste tendant une bannière au grand-maître agenouillé ; derrière le saint, · S· IOIERS *(Sanctus Johannes Hierosolymitanus).* Entre les deux figures, M. RD *(Magister Rhodi).* Différent B au bas.
℞. SIT. T. XPE. DATVQ. TV. REGISISTE DVCA. Le Christ dans une auréole elliptique. *Or.*

598. *Emery d'Amboise.* † F. EMERICVS. DAMBOISE, MAGNS : MAGIS. Champ écartelé aux armes du grand-maître et à celles de l'ordre.
℞. † AGN. DEI. QVI. TOLIS. PECCA. MVD. MISE. NO. Agneau pascal sur la bannière. *Arg.*

599. *Jeton du trésorier d'Outre-Mer.* † GETOVERS ✿ DV. TRESER. Figure devant la croix, agenouillée comme les grands-maîtres.
℞. DOV LTR EME IR †. Croix fleurdelisée cantonnée de quatre lis. *C.*

600. *Soldo, au nom du doge Laurent Celso, imité en Morée, peut-être par Robert d'Anjou, prince d'Achaïe.* † LAVR CELSINV. Le doge agenouillé tenant un étendard.
℞. † S. MARCVS. ENETI. Le lion de St-Marc. *Arg.*

601. *Quart de gigliuto frappé par* les génois a ohio. DVX. IANVENSIVN. Buste de face du doge habillé de vair, coiffé du haut chapeau conique, avec deux pendants retombant sur les tempes.

℟. † CVNRADVS. REX. Croix potencée. *Arg.*

602. Les Génois a Chio ; Dominique di Gio. Antonio Giustiniani Campi, podestat en 1529. † CIVITAS. CHII. Châteaux à trois tours, surmonté de l'aigle naissante ; dans le champ, les initiales du podestat, D. I.
℟. † CONRADVS. REX. ROMA. Croix pattée. *C.*

603. Seigneurs de Metelin ; *Jacques Gattilusio.* † IACOBVS ❊ GATELVXE. Grand Y couronné entre deux trèfles.
℟. † DOMINVS ❊ METELINIS. Le blason des Paléologue. *Arg.*

604. *Dorino Gattilusio.* † DORINVS. ★ DOMINS. Le blason des Paléologue.
℟. Aigle à deux têtes portant en cœur l'écu des Gattilusio, entre D·M, *Dominus Metelini.*

605. Les Gattilusio, seigneurs d'Aenos de Thrace? Grand Y gothique entre plusieurs fleurons.
℟. Le blason des Paléologue. *C.*

606. Colonie génoise de Caffa. † D†M. CAFA. Portail génois.
℟. Légende arabe. Au centre, le *tamga* ou chiffre des princes tartares ou Khans de Crimée. *Arg.*

607. Ducs de Naxos. *Jean I*ᵉʳ, † IOAN, DVX. Tête jeune de face.
℟. † AGIOPEL. NIXE. Croix. *Billon.*

608. Abbaye de Saint Oyan de Joux (France). *Guillaume de Beauregard, abbé (1375).* G. DEI. GRACIA. ABAS. SANTI. OGEND'. L'abbé debout de face, tenant une épée et une main de justice, sous un dais gothique dont les fuseaux sont surmontés par deux crosses.
℟. † XPC ★ VINCIT ★ XPC ★ REGNAT ★ XPC ★ IMPERAT. Croix feuillue des écus royaux de France. *Or. Franc à pied.*

609. *Arnould d'Oreilhe, seigneur de* Rummen (1350-1354). IOHANNES : EVARG ET ERNOLD : DNS : RVMMENX. Cavalier armé, à gauche.
℟. † XPC ★ VINCIT. etc. Croix feuillue dans une rosace. *Or. Franc à cheval.*

610. Provence. *Jeanne de Naples* (1343-1382). IOHANA. DI. GR. IHR. SICIL. REG. La comtesse debout de face vêtue d'une robe longue, tenant une épée et un sceptre sous un dais gothique.

℟. † XPC ★ VINCIT etc. Croix feuillue dans une rosace *Or. Franc à pied.*

611. Chateau-Landon. † LVDOVICVS. RE. Pal accosté de deux crosses surmontées de trois points.
℟. † LANDONIS. CASTA. Croix cantonnée de deux S. *Bill.*

612. *Le duc d'Orléans (plus tard Louis XII).* Lis LVDOVICVS. DVX. AVRELIANESI. Buste du duc à gauche.
℟. Z. MEDIOLANI. AC. AST. DNS. Ecu écartelé aux armes d'Orléans et de Milan. Teston. *Arg.*

613. Liard de *Charles VIII,* frappé à *Marseille.* † : K : FRANCORVM. REX : Dans le champ grand K entre deux points ; dessous, écu de Marseille (à une croix).
℟. † : SIT : N : D : BENEDICTVM : Croix cantonnée de quatre fleurs de lis. *Bill.*

614. *Charles I*ᵉʳ *d'Anjou, comte de Provence.* † KAROL'.REX. Grand K remplissant le champ.
℟. † SICIL. Ecu de France brisé d'un lambel à trois pendants. *Or.*

615. *Charles le Mauvais, comte d'Evreux.* † K. DI. GA. NAVA (rre) REX. Grande couronne fleurdelisée dont les deux lis latéraux coupent la légende ; sous la couronne, K.
℟. CO (mes). EBROICEN. Croix fleurdelisée dont les lis coupent la légende ; la croix est cantonnée de quatre fleurs de lis. Denier coronnat. *Bill.*

616. *Jean de Châteauvillain, sire de Bourbon-Lancy.* † IO : D : CAST... ANO. Croix.
℟. † BORBONENSIS. Château flanqué de deux tourelles ; au-dessus, O ; au dessous, B. Obole.

617. *Marche.* † HVGO. COMES. Croix.
R. † MARCHIE. Deux croissants avec étoile, et deux annelets.

618. *Henri de Lancastre, seigneur de Bergerac.* — ENOVRICOS DNS. Croix ; 2ᵉ légende extérieure : BNDICTV, etc.
℟. † MONETA. BRAG. Lion imité de celui de Flandre ; bordure de 12 fleurons. *Gros. bill.*

619. Lectoure. † SANCTIGINO. Annelet, croisette et Λ.
℟. IIIOTIEL'ITOR. Croix cantonnée d'un point. *Denier.*

620. *Gérard d'Alsace ; atelier de Saint-Dié.* ✝ S DEO [DAT] VS. Tête informe.
℞. ✝ GERARDV en légende rétrograde ; temple. *Denier.*

621. *Hugues IV, seigneur de Montélimart.* — ✝ HUGO : ADEMA-RII : MOTILII :... DE : DNS. En légende intérieure : DOMINUS. DEGARDA. Croix.
℞. DB GARDIA, H couronnée entre deux fleurons; bordure de 12 fleurons. *Blanc.*

622. *Heymon, évêque de Verdun, atelier de Dieulouart.* — ΠAEI-MO. PSL. Croix cantonnée de deux points.
℞. DS. LOVVART. Main bénissante. *Denier.*

623. *Pierre de Brixei, évêque de Toul, atelier de Liverdun.* — PETRVS Château à deux tours.
℞. LIB-DVN. Poisson. *Denier.*

624. *Gaucher de Châtillon, comte de Porcien.* — ✝ GALC S COMES PQ, Ecu aux armes de Châtillon, brisées d'une merlette au canton dextre du chef.
℞. ✝ MONETA. NOVA. IVE. Croix. *Denier.*

625. *Imitation des monnaies de Château-Renault.* — ✝ SIT. NOMEN. DOMINI. BENEDICTM. Buste avec collerette à droite.
℞. ✝ MONETA. NOVA. ARGENTIA. CHA. Écu écartelé au 1er d'une tour, aux 2e et 3e d'un lion contourné, au 4e d'une aigle éployée. *Bill.*

626. *Arnould VIII, comte de Looz; atelier de Brusthem.* — ✝ AR-NOLD' COMES. Croix. En légende extérieure : ✝ NOMEN, etc.
℞. ✝ MON ፧ BRVSTEM. Châtel. Bordure de feuilles de vignes. *Gros.*

627. Suède. *Albert.* — ✠ ALBERTVS. REX. Tête couronnée de face.
℞. ✠ MONETA. SWECIE. Croix dont la partie inférieure est remplacée par une couronne ; entre les bras supérieurs, deux petites couronnes. *Denier.*

628. *Saint-Médard de Soissons.* — ✝.. N✝I. ✝ S (Santus?) Étendard déployé à droite ; au-dessous, trois points.
℞. ✝ ME✝D. ✝RD✝.. (Medardus). Croix cantonnée d'un point et d'un V. *Denier.*

629. *Poids monétaire.* Petite tête couronnée de face entre F et L. (*Felin*). *C.*

630. *Poids monétaire.* POI. DE. MAILE. Croix coupant la légende, cantonnée de points. *C.*

631. *Poids monétaire.* ✝P. DE. MAILLE. Tête couronnée de face. (*Type de l'esterlin*). *C.*

632. *Roger II, roi de Sicile.* — Le roi debout, couronné, de face, tenant un sceptre et une épée.
℞. RV-C̄A TA. Robe du Christ. *C.*

633. Jeton gravé en creux de *Jean Forget,* doyen du chapitre de *Toul.* — Ecu du chapitre de la cathédrale, aux trois cailloux de Saint-Étienne.
℞. Armes à un chevron, deux roues et une ancre. *C.*

634. Jeton de *Louise de Savoie.* — ✝ LVDOVICA : MATER REGIS. FRANCIE. Ecu parti d'Angoulême et Savoie.
℞. ✝ DV : ROY : FRANCOIS : PREMIER : DE : CE : NOM ✠. Salamandre sous une couronne; dessous, lacs d'amour (emblème de la maison de Savoie). *C.*

635. Jeton de *Jean de Daillon, comte du Lude.*

636. Jeton de *Jean de Saulx, maire de Dijon.* ✝ I. DE. SAVLS. VICONTE. MAIE. Ecu de Dijon.
℞. Quatre clefs en croix dans un quadrilobe ; bordure d'oves avec mollettes d'éperon et lis. *C.*

637. Jeton de *Bayonne* du XVIIe siècle. NVNQVAM POLLVTA. Armes de Bayonne remplissant le champ.
℞. Ecu de France entre deux branches de laurier. *Arg.*

638. Méreau de la collégiale de *St-Paul de St-Denys.* St Paul debout tenant le livre des épîtres et une épée ; champ : S. P. (Sanctus Paulus), deux fleurs de lis, un R. couronné et un croissant.
℞. R couronné dans un croissant entre les lettres S. P. et deux lis. Exergue : 1649.

639. Méreau de *Reims ou Rouen.* Dans une rosace entre deux R, buste de la Vierge tenant l'enfant. Dessous, V.
℞. Dans une rosace, 1595 et V entre deux R. *C.*

640. Méreau d'obit du président *Perrault.* — HENRICVS. BOR-

BONIVS. PRINCEPS. CONDÆVS. Ecusson entouré des colliers des ordres du Saint-Esprit et de Saint-Michel.
R̵. ETIAM. POST. FATA. FIDELIS. Tombeau couvert par un lierre. Exergue : I. PERRAVLT. PRÆSES. *Arg. C.*

641. Méreau des *boulangers de Paris.* — Saint Honoré, avec les vêtements épiscopaux, tenant une crosse et un pain.
R̵. Boulanger enfournant des pains. *Plomb.*

642. Méreau de l'église protestante de *Celles.* — E. D. C. LE.
R̵. Calice entre deux fragments de pain. *Plomb.*

643. Monnaie d'un évêque des Innocents. IE TR O (m) PE LE MONDE. Personnage qui sonne de la trompe au-dessus d'un monde (globe surmonté d'une croix).
R̵. *Lis.* MON : EPI : INNOCENCIVM. Dans le champ, croix ornée de fleurons, cantonnée des lettres O R B I. *Plomb.*

644. Sceau de drap, de *Béthune.* — S ☆ DE ☆ BETHVNE ☆. Écu à une fasce. *Plomb.*

645. Méreau du *Louvre ?* — Écu aux chaînes de Navarre.
R̵. L̅O̅ et grand lis. *Plomb.*

TABLE DES PIÈCES FIGURÉES SUR LES PLANCHES

CLASSÉES DANS UN ORDRE CORRESPONDANT AUX DIVISIONS DU TEXTE DU MANUEL

Monnaies mérovingiennes : nᵒˢ 1 à 69, 71-76, 78-83, 88-196.

Monnaies carolingiennes : nᵒˢ 197 à 231, 233-237.

Monnaies royales de la troisième race : nᵒˢ 238-278, 281-283, 286-287.

Monnaies anglo-françaises : nᵒˢ 428-433.

Papier-monnaie : nᵒˢ 288 et 289.

Monnaies féodales et provinciales : nᵒˢ 232, 279-280, 300-387, 391, 393-427, 434-463, 469-482, 608, 610-625, 628.

Monnaies étrangères : nᵒˢ 392, 464-468, 483-484, 488, 490-500, 506-540, 544-548, 550-552, 609, 626-627, 632. Monnaies anglo-saxonnes : nᵒˢ 70, 77, 84-87.

Monnaies de l'Orient latin : nᵒˢ 541-543, 549, 553-607.

Monnaies obsidionales : nᵒˢ 485-487, 489, 501-505.

Médailles : nᵒˢ 284-285, 290.

Jetons : nᵒˢ 291-299, 388-389, 599, 633-637.

Méreaux, etc. : nᵒˢ 390, 638-645.

Poids monétaires : nᵒˢ 629-631.

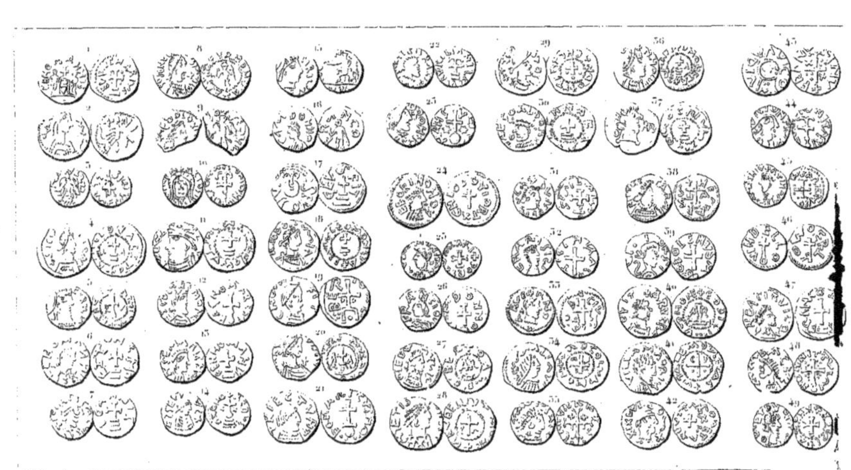

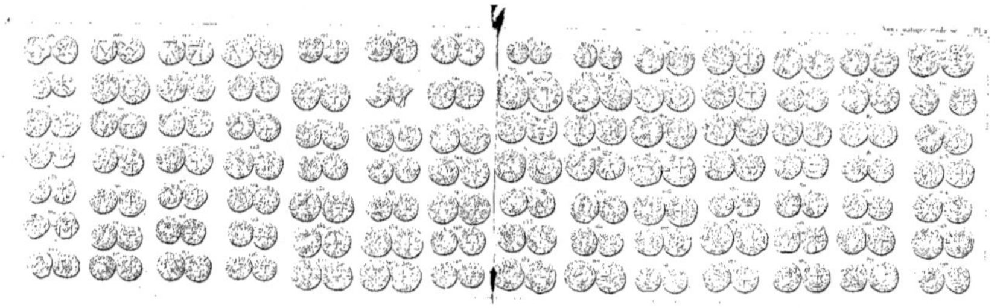

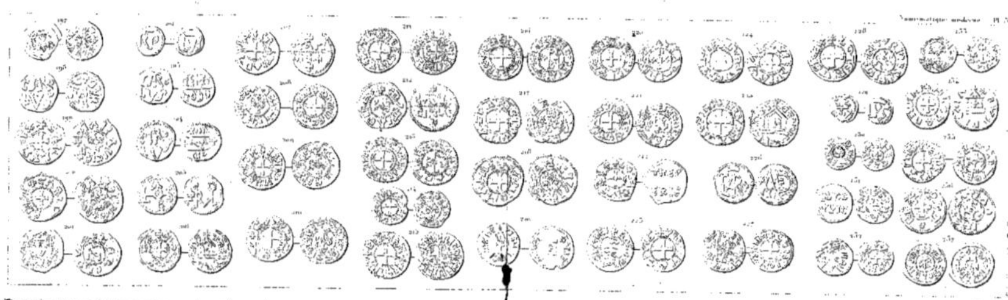

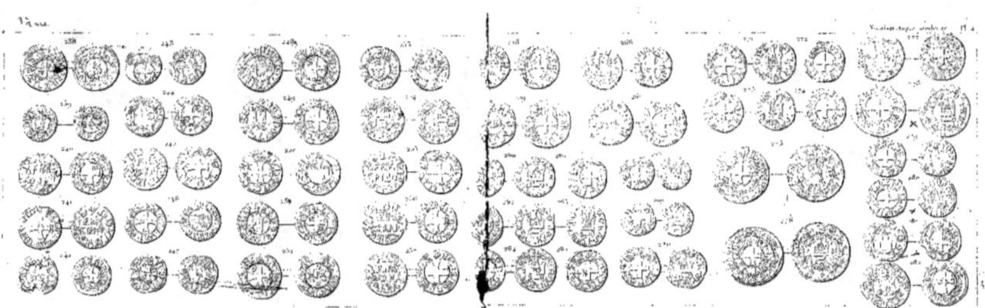

Cent l.   N° 4444.   Cl.
DE PAR LE ROI
BON pour la somme de CENT LIV.
portant intérêt à quatre et demi pour
cent, jusqu'au remboursement qui sera
effectué sur le trésor Royal, à la paix.
100 l.   CENT LIV.
Vive le Roi LOUIS XVI
(XXV)   (XXV)
SIEGE DE LYON.
Bon pour VINGT CINQ Sous
à rembourser en assignats de 25 livres
XXV
Vive le Roi LOUIS XVI

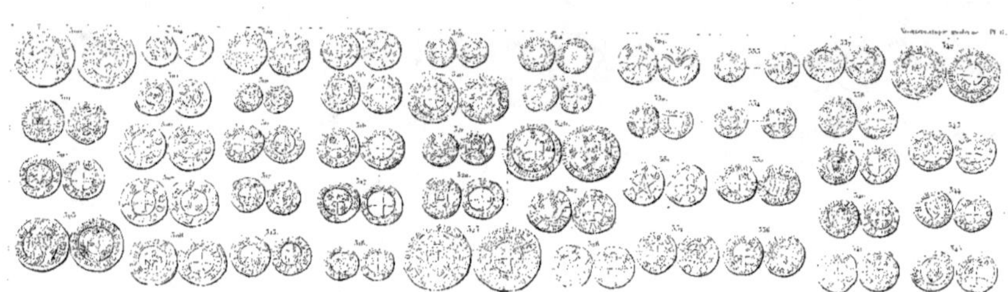

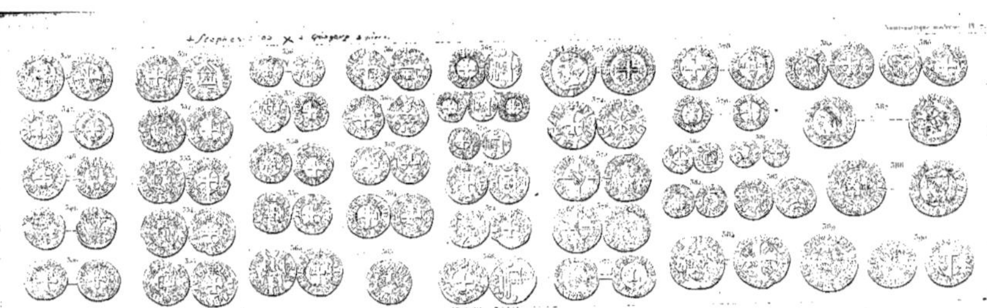
Numismatique moderne 19

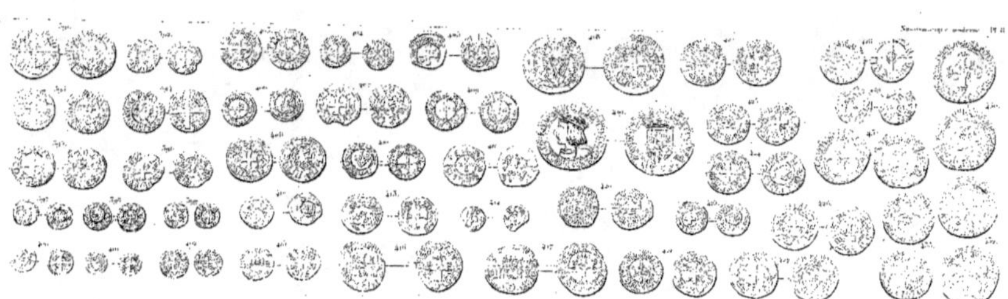

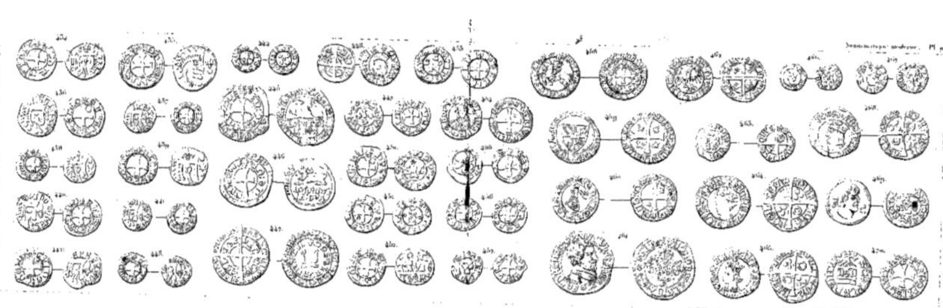

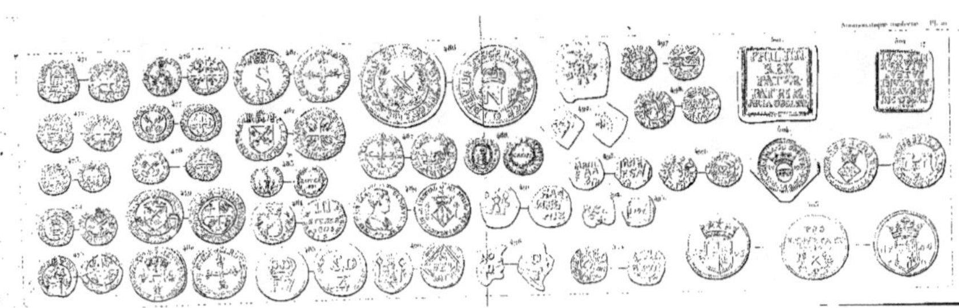

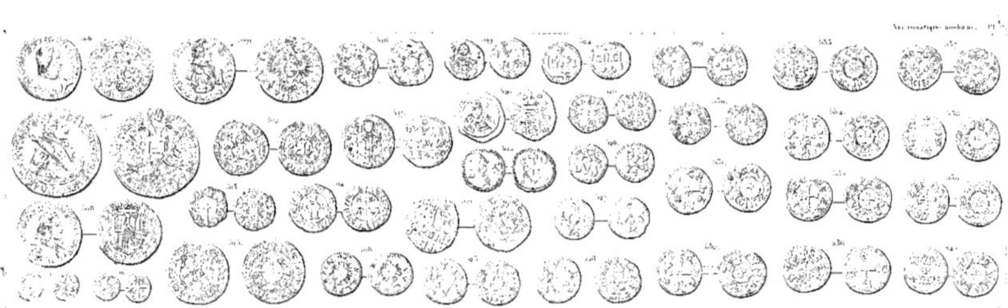

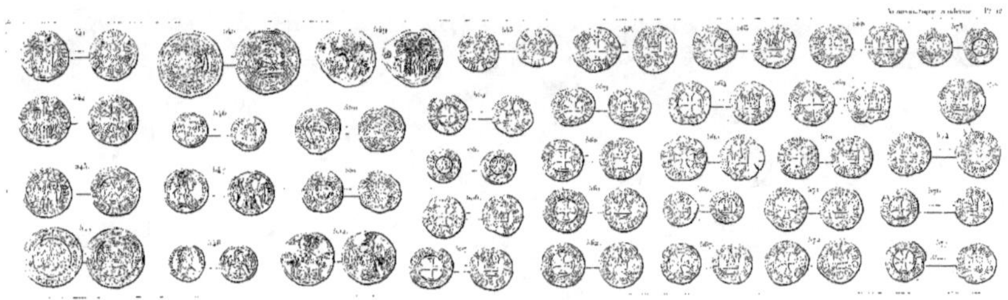

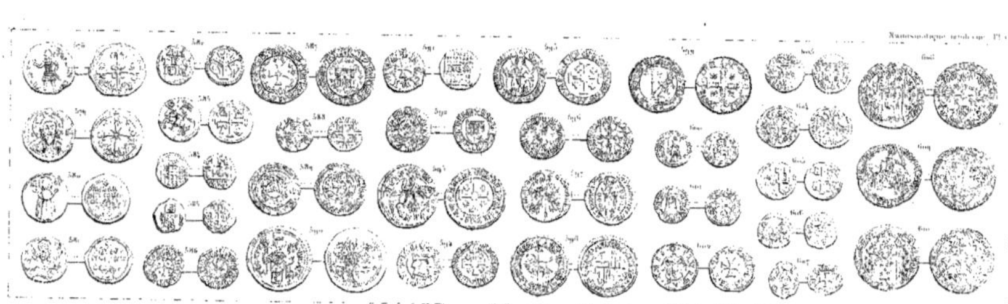

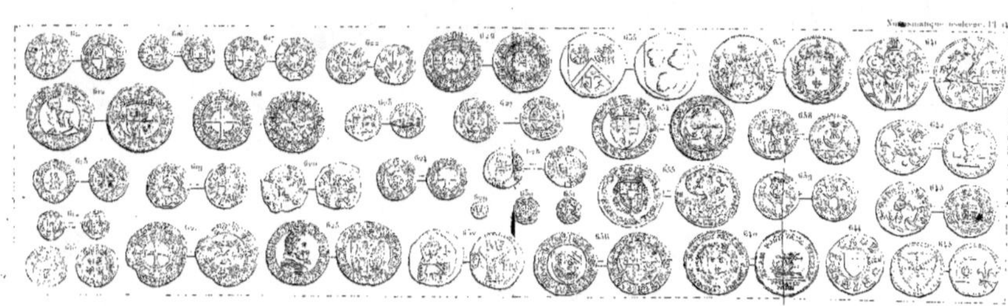